趣味景點 ×
深度探索 × 免費景點
× 行程懶人包

澳洲
親子遊

帶孩子旅行的大小事：航班建議、打包要領與安全錦囊……
動物園、遊樂園、熱氣球……各種最適合孩子的行程！
只要掃描 QRcode，澳洲親子行超 Easy ！

作者——鄭艾兒

讓人有了再度前往澳洲的欲望

2006 年初次結識艾兒，當時她出版了第一本旅遊書《愛上澳洲》；相隔了 10 年，她對澳洲的熱愛絲毫不減，計畫再度出版澳洲的旅遊書。相隔了 10 年，艾兒也成了 2 個孩子的媽，在和她討論新書的規畫時，直覺親子旅遊是個不錯的題材。如果能出版一本在澳洲實際體驗的親子旅遊，告訴讀者如何規畫澳洲的親子旅遊、澳洲有哪些適合親子同遊、值得推薦的活動或景點，不但能和一般的旅遊書區隔，也作為年輕爸媽為小朋友規畫海外旅遊的參考。

艾兒就像是「澳洲」給我們的印象，永遠充滿陽光、熱力四射、有超人的體力。身兼職業婦女、家庭主婦、二寶的媽，她總能妥善地安排時間，帶著孩子上山、下海，陪著孩子學習冒險、體驗大自然；同時她也不忘記創作，將旅遊經驗分享在部落格、臉書、IG……上。從這本書的圖文，讓我想起曾經造訪過的澳洲，也顛覆許多我對澳洲的印象，也興起了再度前往澳洲的欲望。

曾任 整合行銷公司總監、旅遊規劃專案經理、旅遊雜誌總編

勇闖澳洲
最佳旅遊工具書

　　旅行，是讓人很開心的一件事。但，該如何玩，該如何讓旅程有深度、有價值、充滿無限希望與樂趣，這肯定是一門學問與功課。對我而言，一直以日本、香港、中國這些距離台灣周邊較近的國家為旅遊選項，主要還是考量語言、飲食為前提。透過艾兒《澳洲親子遊：趣味景點 X 深度探索 X 免費景點 X 行程懶人包》一書，讓我更加了解，原來造訪澳洲其實一點並不困難。工具書對許多旅人來說，絕對是一本旅遊最好的武功秘笈，它不用讓你為了想出國旅遊，還得花上許多時間去做功課、上網爬文、抓破頭皮思索每個細節。

　　透過圖文索引、有效分類、表格化，甚至貼心還有 QR code 供掃描更加方便找尋相關資訊，從各個季節當中去了解澳洲當地人文、民俗、風情、文化、飲食、生活，甚至連藝術節目表演都考量到了。一本結合了讓你可以大膽放心帶著家人，勇闖澳洲各地的最佳旅遊工具書，相信你跟我一樣，閱讀完這本武功秘笈，你我都是澳洲旅遊達人！

鐵道旅遊人文攝影師

照書玩，親子旅行玩澳洲
不再霧煞煞！

多年前因為工作關係第一次去澳洲雪梨，除了參觀著名的歌劇院外，攀登著名地標雪梨大橋，以及搭渡輪前往塔龍加動物園（Taronga zoo）看無尾熊，和從船上遠眺雪梨海港的景象讓我印象深刻，當時心中就想著有機會下次帶著孩子一起來澳洲旅行。

不過，幾次的海外親子自助旅行準備中，只要是有孩子的自助旅行都得花不少心力，從行程安排，景點設計到住宿點的選擇，通通得花上更多時間搜尋資料和爬文，特別是從來沒去過的地點，更是得從茫茫網海中，一步步拼湊出自己的親子旅行地圖。

看了艾兒這本新書後，她不但提供出發前的各種準備資訊，還提供孩子最愛的景點和探索行程，包含看動物，學衝浪，體驗澳洲的特色外，更提供親子 6～18 天 4 種天數不同的旅行計畫，讓每個爸媽都能輕鬆省力跟著書中資訊 Step by Step 輕鬆創意玩澳洲！看完之後，我也要開始準備我的親子澳洲行囉！

親子天下影音新媒體中心總監

任何事皆可能

　　當我跟老公說，我要寫第二本澳洲旅遊書的時候，他問我：「妳白天要上班，晚上要顧小孩，哪裡有時間可以寫書？這根本不可能……」

　　我說，請拭目以待。

　　2017 年的 3 月，我帶著小超人和 Kei、2 個小孩、Jolly 去雪梨和墨爾本 10 天，回來後的 2 個月內，利用每天早上 5 點到 7 點的時間寫了大約 25 篇稿子。

　　2019 年的 2 月，我在回國後的 19 天內，又寫了 50 篇文章！

　　但不只寫書，出書又是一個困難的挑戰。

　　現在的資訊發達，多數人的旅遊資訊直接上網查看，買書的人少之又少，出書變得非常困難。

　　就在我鍥而不捨投稿了約 10 家出版社，四塊玉的小淵和我聯絡，很快地我們約開會、簽約。

　　同一個時間，我找了各家旅行社贊助採訪行程。很幸運地得到鴻大旅行社的 Peter 大哥回覆，他們公司願意贊助我的住宿和門票。

請正在讀書的你想一個場景：如果有一天澳洲昆士蘭旅遊局和南澳旅遊局讓你去澳洲採訪十多天，在大堡礁體驗浮潛、搭熱氣球、住五星級的消防飯店、去熱帶雨林探險……。

若干年後，這次的贊助不只自己一個人，還包括 2 個兒子！同樣的五星歷程：在獵人谷搭熱氣球、在海豚島體驗滑沙、浮潛、享受各個動物園和樂園的門票優待……是不是很神奇呢？

特別感謝鴻大旅行社贊助 7 天的飯店住宿、Peter 大哥協助聯絡、黃金海岸旅遊局局長 John 的熱情幫忙、歐都納提供旅行背包與褲子用品。

謝謝以下廠商的招待與協助：

1. 海豚島天閣露瑪渡假村 2 天 1 夜（Tangalooma Island Resort）的熱情招待
2. 海洋世界（Sea world）門票
3. 夢幻世界（Dream world）門票、無尾熊合照與午餐
4. 可倫賓動物園（Currumbin wildlife Sanctury）門票及無尾熊合照
5. 雪梨水族館（Sydney aquarium）門票

6. 雪梨費德樂動物園（Featherdale Zoo）門票
7. 獵人谷渡假村 2 天 1 夜（Hunter Valley resort）住宿及火車票
8. 雪梨塔倫加動物園（Taronga Zoo）門票
9. 新加坡航空公司優惠機票
10. 澳洲樂浮熱氣球公司（Balloon Aloft）提供兩個孩子體驗

　　謝謝澳洲黃金海岸旅遊局局長 John 特地跑到飯店提供小禮物以及提供以下活動的贊助：
Get Wet Surf School 私人衝浪課程
i Fly 室內跳傘
Jet Boating 噴射快艇
Aquaduck 水陸兩棲車冒險

　　謝謝鴻大旅行社黃金海岸公司的小布和 Steven 提供旅遊相關資訊；謝謝 Bob 來回機場接送、提供住宿以及幫我顧 2 個孩子 1 個夜晚，讓我可以獨享雪梨歌劇院的歌劇；Fok 邀約老師同學前來聚餐，讓我再次享受人生四大樂事。
　　謝謝四塊玉的總編輯和小淵給予寫作上的建議；謝謝 Moya 的攝影構圖教學，楊先生、Vickie Tao 的鼓勵，還有讓我過年期間出國的老公以及 2 個配合我一起上山下海的兒子。有你們真好。

艾兒

C 目錄 NTENTS

Chapter 1 出發前必讀澳洲大小事

Chapter 2 探訪孩子最愛的動物生態

Chapter **3** 達人篩選親子旅行好所在

Chapter **4** 大手拉小手放膽探險去

Chapter ⑤ 用力玩耍也要好好品嘗美食

Chapter ⑥ 買好買滿！澳洲必買伴手禮

特別收錄─澳洲日常大不同

A：城市標記：明白景點座落城市。

B：地名：中英文並陳讓你更方便。

C：內容：介紹景點以及最棒玩法。

D：資訊：提供地址電話等基本資訊。

E：QRcode：一掃就能瀏覽地圖規畫路徑，或先一步透過網站了解相關資訊。

INFO圖示說明：

地址⌂、電話☏、營業時間⏱、網站▦、交通方式🚌、票價$、地圖參考座標⑨

TIPS 本書內容皆以採訪當時情況為主，資訊則以店家公告或實際狀況為主。

澳洲，不會讓你後悔！

　　2017 年 4 月，計畫帶著孩子去澳洲旅行，但是對於要不要同時帶 2 個小孩的這個抉擇，讓我足足思考了 2 個月。

　　本來這個旅行最初就是為了讓哥哥在上小學之前，能有一個長途旅行的回憶，因為上學之後，除了寒暑假，不會讓他輕易請假。經由朋友 Kei 的鼓勵，決定既然去了澳洲，那就來寫第二本澳洲旅遊的書，而且要以親子為主題。

　　只是，要不要也帶弟弟一起去呢？

2 個男孩出國的大抉擇

　　之前一打二去香港，弟弟還未滿 2 歲，出門在外一大半的時間是在推車上度過。但現在他已經 3 歲半，會到處亂跑，而實際上，他不高興時還會跑去躲起來，我就曾在外面找過他 2 次，相當驚險。再來，小超人哥哥和小龍弟弟 2 個男生湊在一起免不了吵架或是搶玩具。想到我光是在排解兄弟的紛爭，還有追逐 2 個孩子，這個旅程就會變得掃興。

　　最重要的當然還是安全考量。我要拍照、收集資料，謹慎的哥哥總是可以跟著媽媽，但是活潑的小龍弟弟卻是不受控制、容易走失。在國外把孩子搞丟可不是小事。種種考量，我心一橫，決定不帶弟弟去澳洲。

　　問題來了。從出生後，我一路 24 小時陪伴弟弟到 1 歲 3 個月去上學。一直以來，每天他都要抱著我的手睡覺，跟我睡同一個枕頭、蓋同一條被子……10 天看不到麻麻，他會不會既難過又生氣呢？

以同理心說服弟弟不同行

　　我詢問了育兒專家王弘哲的意見。他建議，趁這個機會教導哥哥同理心。就跟弟弟說：「哥哥和媽媽是出門去上課，非常辛苦也非常無趣。」

　　哥哥問我為什麼要這樣說，我回答：「如果麻麻只帶弟弟出國玩，你會不會很傷心？如果只是一個很累人的行程，你會想跟去嗎？」他點點頭，好像懂了。然後他跟弟弟說：「我跟你講喔，我們去澳洲都沒有玩喔，從白天一直上課到晚上，都不能睡覺……」

　　喂喂，這樣好像有點太過了一些？！但當時的我我真心希望，小超人透過這次的旅行，10 天不見弟弟後，能夠更加愛護弟弟，也成為一個懂得照顧自己的孩子。

後遺症太嚴重，這次決定一打二了

　　自從只帶哥哥去澳洲 10 天回來之後，後遺症非常的多。我才知道，儘管我和小超人告訴弟弟我們是去學習英文，非常辛苦，他太小不能去的善意謊言，但這麼多天都看不到媽媽，他的心情還是相當的鬱卒。上

課時，他會苦著臉一個人坐在角落。

　　老師點名：「陳 XX」

　　他無精打采地說：「沒來！」

　　老師問：「你怎麼了呢？」

　　他回答：「哥哥欺負我！因為他居然和媽媽去澳洲！」

　　和爸爸在台灣的前幾個晚上，弟弟就一個人在棉被裡啜泣。知道他的反應之後，我開始思考，每個孩子的氣質不同。儘管我認為 3 歲多的小孩不會記得太多，但弟弟是敏感的小孩，看來對於這件事情卻是耿耿於懷。

　　因此在那兩、三個月內，我獨自帶他去了幾個地方，想要補償他的不安全感。但是幾個月後，我因為某件事情稱讚他，弟弟真棒，長大了耶。他竟然說：「哪有？我還沒有去過澳洲耶！」原來「長大才能去澳洲」這件事情，已經深刻的印在他小小的腦袋裡。看來，帶他去澳洲這件事情勢在必行。

行前的約法三章很重要

但是一打二去澳洲，又要處理兄弟倆的紛爭、搶玩具、搶媽媽、興趣不同要玩不同地方等等問題，實在頭痛。於是我在出發的前半年，就開始三令五申給了幾條規則：

只有1個大人，所以只能1個方向，請2個人協調好要去哪裡再走。這是訓練他們獨立思考。

國外不比國內，萬一走失非常麻煩，一定要跟好媽媽。記住媽媽的手機號碼，還有利用兒童智慧手錶的緊急通話功能，我也能從定位中快速找到他們。

兄弟之間要互相幫忙，因為我們是自助行，1個人出問題，3個人都會被影響，所以一定要謹慎小心。

當然，一次帶2個男生出國，體力一定要充沛。所以我不但1周去3次健身房，更開始鍛鍊自己和孩子們一起進行親子路跑，這樣我們才能夠充滿精神的快樂走完所有特別的旅程。

澳洲適合孩子旅行的5大理由

很多朋友問我：「去了澳洲那麼多次為何還想再去？」而且從我大學剛畢業遊學、留學、打工，到後來結婚生子，還要帶孩子去澳洲？因為我認為澳洲實在是太適合親子旅遊了！

氣候溫和宜人，時差少

澳洲終年氣候溫和宜人，澳洲也是地球上最乾燥的地區之一，年平均降雨量不到600公釐，因此幾乎天天都是可以旅遊的晴天。不只如此，搭飛機去澳洲雪梨、布里斯本或是墨爾本只需要8到10個小時，等於睡一覺就到了澳洲。澳洲和台灣的時差最多3小時，算是最容易帶孩子出國的國家之一。

澳洲有讓人驚豔的特有動物

澳洲的自然資源孕育著許多獨特的動物。據統計，澳洲擁有超過

378 種哺乳類動物、828 種鳥類、4,000 種魚類、300 種蜥蜴以及約 50 種的海洋哺乳類動物。其中超過八成的植物、哺乳類、爬蟲類和蛙類是澳洲特有的品種。

　　大家熟知的無尾熊和袋鼠，在澳洲可以近距離的接觸。如果你去昆士蘭州，還可以抱到無尾熊。此外，還有袋熊（Wombat），澳洲的有袋類動物，牠們的腳短及肌肉發達，看起來非常可愛。鴨嘴獸是澳洲的象徵動物之一，澳幣 20 分反面圖案就是鴨嘴獸。澳洲針鼴又叫短吻針鼴，生活在澳洲、塔斯馬尼亞的森林中，全身帶著滿滿的刺，爪子強而有力。笑翠鳥又稱 Kookaburra，是澳洲及新幾內亞特有的大型陸生翠鳥。牠們最大的特色就是叫聲，聽起來像是人類的笑聲。

　　你還可以去探訪南半球才有的藍光螢火蟲。還有以動物為名的袋鼠島（Kangaroo Island）在稀有的海獅群中散步或是去菲利普島（Philips Island）看可愛的企鵝從海中走到自己的家裡，更可以體驗全世界唯一可以餵食野生海豚的摩頓島（Moreton Island）。

各種驚險刺激活動應有盡有

　　不只動物，陽光、衝浪和沙灘是澳洲的特色之一。各種多樣的活動

也非常適合孩子們來探險。

　　海上活動包含去世界級美景大堡礁潛水、浮潛、玻璃船、噴射滑水、半潛水艇、帆船、從空中，甚至是跳傘。4 歲以上的孩子也可以在衝浪者天堂或其他海邊嘗試安全有趣的衝浪。去海豚島可以體驗 6 層樓高的滑沙、拖曳傘、浮潛、SUP、獨木舟等等的活動。你也可以選擇 Manly Beach、Bondi Beach 或任何一個海灘玩水都能讓小朋友樂開懷。8 歲以上的孩子可以攀爬雪梨大橋，從高空中眺望雪梨歌劇院。

　　不喜歡玩水的朋友則可以試試各種陸地上活動，在雪梨的樹梢歷險公園（Treetops Western Sydney）有各種樹梢上的娛樂活動，比如飛狐急降、在懸索橋上跨越樹間，還有其他遠離森林地面 15 公尺的刺激活動。公園內共有 108 項挑戰，包括 20 款飛狐，最長達 250 公尺。

整個城市都是孩子的遊樂場

　　事實上，有時在澳洲並不需要刻意安排活動，因為到處都是適合孩子的遊樂場。澳洲的許多購物中心裡有溜滑梯和各種玩具車。就連吃飯的餐廳也有小孩的遊戲區（playground）。許多公園裡都可以玩水，包括 Southbank park、Darling Quarter 等等。你還可以帶孩子在黃金海岸坐消防車逛大街（Fire Truck Tours）或是直接在餐廳邊 Charis Seafood 觀賞大嘴鳥的餵食秀。

　　有 2 個以上孩子的家庭，出國時可以考慮一打一，讓孩子享受獨生子的感覺，但是也別忘了其他小孩的感受。如果預算和體力許可，盡量全部都帶去吧。因為，大家能夠一起出國的機會不會太多。等他們讀國中有升學壓力，開始向外發展的時候，可能都去找同學朋友了。所以趁他們還小的時候，帶著他們一起去旅行吧！

CHAPTER
1

出發前必讀
澳洲大小事

出國旅行的必備知識，
從氣候、簽證、時差一一説明。
前往澳洲的注意事項，
包含：交通、住宿與帶著孩子的行前小提醒。
加上行程規畫撇步，
更準備好 5 套行程，
讓你可以帶著孩子用最方便的方式前進澳洲。

澳洲的大小事

氣候、時差、電壓與匯率

「澳洲」這個名稱源自拉丁語，意思為「未知的南方大陸」（Terra Australis Incognita）。雖然也常被稱作澳洲大陸，但卻是地球上最小的大陸板塊，即便如此，澳洲仍是世界上最廣闊的國家之一，每個澳洲人均擁有國土面積 0.353 平方公里呢！澳洲有多樣的自然景觀，包括熱帶雨林、沙漠、海灘，多樣的面貌，更是許多人旅行的首選。

澳洲的行政區域，劃分為 6 個州和 2 個領地。6 個州為：新南威爾斯（New South Wales），首都雪梨（Sydney）、昆士蘭（Queensland），首府布里斯本（Brisbane）、南澳（South Australia），首府阿德萊德（Adelaide）、塔斯馬尼亞（Tasmania），首府荷巴特（Hobart）、維多利亞（Victoria），首府墨爾本（Melbourne）、西澳（Western Australia），首府伯斯（Perth）。

2 個領地是：首都領地（Australian Capital Territory，簡稱為 ACT），首府坎培拉（Canberra）、北領地（North Territory，簡稱為 NT），首府達爾文（Darwin）。

此外，澳洲總人口有 2,500 多萬人，並擁有世界第 9 大移民人口，占全國總人口 26%，因此會看到各種國家的人群。人口大量集中於東部沿海地區，我們這次親子旅行的重點，也都集中在東部沿海地區。

關於澳洲首都位於坎培拉的產生，乃是由於雪梨和墨爾本 2 個城市爭奪首都未果，最後澳洲人決定在中間設置一個點成為首都，非常可愛。

氣候：溫和乾燥需小心日曬

澳洲終年氣候溫和，但因國土幅員廣大，各區氣候有所差異。北部

各州通常天氣溫暖，南方各州冬季則較為涼爽。澳洲也是地球上最乾燥的地區之一，年平均降雨量不到 600 公釐。對出國旅行的家庭來說，可以不必擔心雨天影響行程，但也需要多補充水分以因應乾燥的氣候。另外，也因為氣候關係，澳洲的太陽真的很大，大人小孩都必須做好防曬。澳洲和所有位於南半球的國家一樣，有著與北半球相反的季節變化。12月～隔年2月為夏季，3月～5月為秋季，6月～8月為冬季，9月～11月則是春季。

時差：約快3小時

　　澳洲主要分為東部、中部、西部 3 個時區。這次走訪的地區都位在

澳洲地圖

達爾文

北領地

昆士蘭

西澳

布里斯本

南澳

伯斯

新南威爾斯

首都領地
ACT

阿德萊德

坎培拉

維多利亞

墨爾本

荷巴特

東部，因此比台灣時間快了 2 小時，澳洲每年的 3 月～10 月中是冬令時間，10 月中～3 月中是夏令時間，都會調快或調慢 1 個小時，以因應夏令或冬令時間。

　　冬令時間，雪梨、墨爾本比台灣快 2 個小時；達爾文和阿德萊德比台灣快 1.5 小時；伯斯則是和台灣相同。以雪梨為例，冬令時會快台灣 2 個小時，夏令時會快台灣 3 個小時。

澳洲東部與台灣的時差		
夏令時間	10月6日（日）上午2：00 開始	比台灣快2小時
冬令時間	4月7日（日）上午3：00 開始	比台灣快3小時

電壓與飲水：記得帶轉接插頭，水可生飲

　　澳洲電壓 230～240v,50hz 一般標示 100～240v 或是 220v 可用的電器只要加轉接插頭就可以用，插頭的形式是扁三角。以防萬一，去澳洲最好還是準備一個轉換插頭。澳洲的自來水可以生飲。除了有特別標示不能喝的水之外，所有的水都可以直接喝。

匯率與幣值：現金與信用卡並用

　　澳洲的國幣為澳元，貨幣面額分別為 5、10、20、50 及 100 元紙鈔。硬幣則有 5、10、20 及 50 分，還有 1 元和 2 元的面額。目前台幣與澳幣的匯率大約在 22：1。

　　如果想使用信用卡消費，最好帶上不同種類的信用卡，以免部分商家接受的信用卡種不同。出門在外，建議務必攜帶多一些現金，因為如果購買金額低於澳幣 15 元，許多商店不接受刷卡，此外，某些地方的商家可能會收取信用卡手續費，消費之前最好先詢問清楚。

花費：交通＋門票＋餐費粗估

　　至於前往澳洲旅行，該準備多少錢比較好呢？這也是很多人會問的問題。其實光是機票就有直飛、轉機和廉價航空的價差，有時可能高達 2 萬。住宿的部分也可能有一般旅館到五星飯店的選擇，費用也會在住宿的部分有些落差。若暫且不計機票與飯店的開銷，主要的花費會是餐費、門票與交通費。

　　在澳洲吃一頓漢堡加上飲料，大約從澳幣 15 元～ 20 元不等，午餐和晚餐加起來，一個人的餐費，以新台幣來計算的話，請至少預留 1,000 元新台幣。如果有計畫去吃高級餐廳，那天的餐費就要再增加。

　　除了餐費之外，觀光景點的部分票價不同，以熱門的龍柏（Lone Pine）無尾熊保護區來說，門票成人 1 張需澳幣 38 元、小孩 1 張要澳幣 22 元，一個景點一家人也大約會花上新台幣 1,000 元。

　　澳洲的交通費以雪梨的輕軌電車為例，單程澳幣 4.6 元，雙程澳幣 6.2 元，行徑路線沿著中央車站至中國城再到雪梨市中心。如果用 My Multi（火車巴士渡輪綜合車票）單日票澳幣 21 元，週票成人澳幣 61 元。一天的交通費一位也要準備約新台幣 600 ～ 1,000 元。因此，餐費加上門票加交通費用，一人一天建議預留新台幣 3,000 元的預算。

　　如果想要降低一點花費，我其實蠻推薦家長帶孩子去澳洲的公園，因為不但免費，又可以深入了解澳洲的玩樂設施，而這些設備除了玩水、玩沙、還有各種攀爬網等等，真的都非常厲害啊！（詳見 P.118）

去澳洲的最佳時間

太多人問我這個問題了。其實我真心覺得，只要你想去，什麼時候都適合去澳洲！但是帶著孩子，的確有幾個時間點，可以讓大家參考。

如果孩子需要上學，又不想幫孩子在學期中請假，選擇寒暑假去澳洲旅遊，會有不同的樂趣。2 月寒假時，南半球是夏天，可以避寒、可以玩水，衣服也不用帶太多。7、8 月的暑假前往，這時候澳洲是冬天，某些地方可以賞雪、玩雪。而且澳洲的冬天其實不會太冷，還有這時候的機票票價和住宿是比較便宜的。

跟著節慶安排行程

如果不需要考慮小孩上學的問題，也有幾個時間點是很推薦帶著孩子一起前往的。聖誕節和跨年在澳洲看煙火，可擁有全世界最早迎接新年的體驗，還可以看到只穿泳裝的聖誕老公公。只不過這段時間是旅遊旺季，請至少在半年前就先預訂好機票和住宿。另外，還可以跟著澳洲的其他節慶安排行程。比方說，每年 3 月下旬雪梨都會舉辦同性戀大遊行，可讓孩子藉機學習性別平等，喜愛藝術的孩子們，可以帶著他們參加 2 月的阿德萊德邊緣藝術節（The Adelaide Fringe）這可是澳洲最盛大的藝術盛會。

如果有預算考量，想要用比較省錢的方式遊澳洲，每年的 2 月底～5 月和 9 月中旬～11 月底（除去連假期間，像是端午節、中秋節、國慶日）這段期間，機票和飯店的價格都會比較優惠。

澳洲節慶一覽

列出幾個適合帶著孩子參加的節慶活動，讓大家安排行程時可以多多參考。

1月	**澳洲國慶日（Australia Day）** 為了慶祝1月26日國慶日，各地有熱鬧的活動。
2月	**阿德萊德邊緣藝術節（The Adelaide Fringe）** 每年2～3月舉辦的澳洲最大藝術盛會，僅次於愛丁堡邊緣藝術節。
3月	**雪梨同性戀狂歡節（Sydney Gay and Lesbian Mardi Gras）** 是全球最歡樂且最盛大的同性戀遊行活動，非常值得一看。 **墨爾本國際喜劇節（Melbourne International Comedy Festival）** 每年3月底～4月下旬舉辦。世界上3個最大的喜劇節之一。
4月	**雪梨皇家復活節農展會（Easter Show）** 每年4月在雪梨奧林匹克公園舉行，有各種動物和遊樂設施，很推薦帶孩子一起去玩。 **澳洲復活節假期（Easter Holidays）** 是僅次於聖誕節與新年之外最長的假日，大部分的地區連休4天。
5月	**雪梨燈光音樂節（Vivid Sydney）** 完美融合燈光、音樂和創意的獨特年度活動，其中包含由精彩照明雕塑組成的戶外「藝廊」。
8月	**農產工業展覽會（Royal Queensland Show – Ekka）** 昆士蘭每年8月的農產工業展覽會，有各種動物和遊樂設施，在吃喝玩樂之餘盡情享受農村生活的樂趣。
10月	**墨爾本國際藝術節（Melbourne Festival）** 在10月份為期17天的墨爾本國際藝術節上，感受神奇的文化魅力。觀看戶外表演，聆聽城市的不同聲音。
12月	**勞力士雪梨霍巴特帆船大賽（Rolex Sydney Hobart Yacht Race）** 每年12月在雙灣（Double Bay）舉辦，是澳洲夏季運動的象徵。 **聖誕節（Christmas）** 體驗夏季版的聖誕節氣氛，不過聖誕節也算國定假日，多數的景點都不會開喔。 **雪梨跨年煙火（Sydney New Year Eve）** 想要搶先全球迎接新年，就是要來雪梨！

行前緊急狀況教學

帶孩子出門安全最重要

　　帶小孩出門，最擔心的一件事莫過於孩子走失。我們家的小超人哥哥很謹慎，會一直跟著大人；但是小龍弟弟不一樣。他很調皮、性情多變，不高興的時候就不跟我們走，在後面慢慢地磨蹭。也因此，在國內我們就有2次弟弟走失的經驗。最可怕的是：找到的當下，小龍弟弟沒有哭，還在跟警衛叔叔一起玩，這讓我更加煩惱。

　　一打二本來就無法把視線不斷地放在每一個孩子身上，加上出門旅遊需要拍照、跟當地人聊天……應該要如何確保安全呢？

出門必穿親子裝

　　首先，只要是出遠門，我們必定穿著親子裝。上一次弟弟走失，也是靠著路人看到我們穿著和他一樣的衣服，帶著我們去找他。因為親子裝明顯又好認，也讓拍照的畫面看起來更加和諧，一舉兩得。

　　我曾經在公園裡因為顧著幫哥哥找廁所，發現正在生悶氣的弟弟不見了！來回找了半小時都不見蹤影，已經打算要報警。最後有一個好心的路人發現我們穿的衣服和弟弟一樣，立刻跟我說，他把弟弟帶去給保全大哥。那次我真的好慶幸自己穿著親子裝啊！

大人小孩身上都帶著聯絡卡片

　　再來，身上一定要帶聯絡的卡片，包含國內外的電話，而且中、英文版都要有。每到一間飯店，也要把飯店的名片給孩子。還一定會先記下當地的辦事處電話和救護車、警察電話。同時，我會要求小孩也記得，並且把這些資訊做成小卡片放在他們的身上和背包。

　　這種聯絡卡片我一定放2份，一份讓小孩放在身上，另一份放在隨

Info・澳洲緊急聯絡電話

駐雪梨台北經濟文化辦事處
MLC Centre, 1902 King St, Sydney NSW 2000
+61-2-9223-3233

駐布里斯本台北經濟文化辦事處：
（領務轄區：昆士蘭州、北領地）
Level 34, Riparian Plaza, 71 Eagle Street, Brisbane
QLD 4000
+61-7-3229-5168
緊急聯絡電話：+61-437-921-436

身的袋子裡。給他們的時候一定耳提面命，萬一找不到媽媽的時候，找警察、工作人員或是大眼睛的女生，請他們打電話給我。讓他們了解雖然走失一點都不好玩，但是還是有方法可以解套。

至於為何要找大眼睛的女生呢？這是根據統計學，這類的人比較熱心，比較會幫忙。當然這並不是絕對，僅供大家參考。

大小孩帶備用手機，照顧手足

而且找人幫忙有一定的風險，最好的方式還是靠自己。我會讓大孩子帶著備用手機，出門前練習使用，以便隨時聯絡。小小孩使用防走失背包或繩子。但是這種防走失繩僅限於人多或是密閉的空間，如果是空曠場地，比方公園或是海邊，還是要特別留意。

再來，我想借力使力也很重要。請同行的哥哥一起照顧弟弟，請小超人發揮同理心，如果弟弟走失，我們接下來的行程不但沒辦法繼續，還要面臨坐牢的風險……而且以後就沒有人陪他玩了。我非常嚴肅地告訴他們兩個，國外不比國內，語言和環境都不熟，緊跟著大人才是重點。如果不配合，那下次旅行就沒有他的份。

為了能夠常常跟媽媽出去旅行，他們開始詢問，那我在澳洲的行動電話會是幾號呢？我回答：「等到了澳洲機場才辦理，到時才會知道。現場我會讓你們試打幾次，你們很聰明，一定馬上學會。」

大人小孩行李打包很簡單

跟著清單收拾就好

　　我想有孩子的家長都會同意，帶小孩出國，打包是件很困難的事情。小孩的東西多，帶不夠很麻煩，帶太多又很重，因此有些心得建議爸爸媽媽。

　　首先要提醒大家，在出發前一週，務必找時間去旅遊保健門診拿藥，或者是到附近的家庭醫學診所，告訴醫生你要出國幾天，需要感冒藥、退燒藥、腸胃藥等等以備不時之需，醫生會非常樂意幫你提供 3 天的藥量。

藥品與防曬都要準備

　　因為我們對於澳洲人來說都是外國人，醫療費用會非常驚人。我曾經在寄宿家庭前面跌倒，到醫院照個 X 光花了澳幣 100 元，拿止痛藥又花上澳幣 100 元。只是一個輕微的挫傷，花了快 5,000 元新台幣！所以一定要先準備居家的用藥以備不時之需。

　　除此之外，OK 繃和跌倒用藥也一定要準備。小孩在外面跌倒是常

有的事情，特別是在人生地不熟的地方。我們
這次去澳洲 18 天，小龍弟弟跌倒了 4 次，哥
哥也跌倒了 1 次。因為忘了帶 OK 繃，只好趕
快到附近的藥局買，價格比台灣貴上許多。

　　澳洲天氣熱，帽子、太陽眼鏡和防曬乳
這些用品一定要帶。南半球的臭氧層破了一個
洞，澳洲很多人因此得到皮膚癌，若是真的帶
不夠或忘了帶，在當地也很好買，不論是便利
商店、超市或是紀念品店，都可以買到防曬商
品。由於也需要常常補充，記得放在隨身包包
中最好拿取的位置。

背包要慎選，才能玩得盡興

　　對自助旅行的人來說，背包幾乎從頭到尾都要自己背著，因此，一
個好的背包在旅途中真的扮演很重要的角色。建議爸爸媽媽們，也替孩
子選一個適合旅行的背包，東西不要都背在自己身上，適當地給予孩子
管理背包的任務，也很不錯。

　　所以我們身上的背包，這次可有慎重挑選。第一個要件當然是要
輕，不然背著玩一整天，也很消耗體力。這次我背的 20 公升的背包只
有 880 公克，孩子們背的 12 公升的背包也只有 550 公克，十分輕巧。
其次，孩子身上的背包，要注意透氣的問題，否則還沒玩就一身汗。

　　對孩子來說最重要的一件事情，就是喝水。所以包包建議選擇側邊能
夠方便收納水壺的款式，要喝水時，手往後一伸就拿得到了，非常方便。

　　另外，有一個本來我以為用不到的功能，沒想到竟然讓我遇到了。
那就是我們在雪梨的第一天遇到下雨，這時好慶幸當初選擇有防水背包
套的背包，好好地保住了背包裡的所有物品呢！如果有安排夜間活動，
也不妨考慮一下，看看背包有沒有反光條，天色較暗或晚上活動時，更
能增加孩子活動的安全喔！

出門前請列出清單勾選確認

※重要物品

☐ 護照 ☐ 緊急連絡電話本

☐ 信用卡 ☐ 身分證 ☐ 簽證

☐ 大頭相片（光碟） ☐ 機票 ☐ 外幣

☐ 新台幣 ☐ 海外緊急醫療保險

☐ 相機 ☐ 電池

☐ 行動電源 ☐ 證件影本備用（護照、簽證、身分證）

☐ 手機 ☐ 給大孩子的備用手機

☐ 緊急連絡小卡X2（中、英文版，放孩子身上及背包）

☐ 轉接頭

※藥品及清潔用品

☐ 頭痛藥 ☐ 感冒藥 ☐ 暈車藥

☐ 退燒藥 ☐ 腸胃藥 ☐ 急救包（跌倒擦傷用）

☐ 面紙/濕紙巾 ☐ 生理用品 ☐ 塑膠袋（裝垃圾和尿尿急用）

☐ 防曬乳 ☐ 防蚊液 ☐ 面速力達母（或木瓜霜）

☐ 護唇膏　　☐ 盥洗用品（牙刷、牙膏、毛巾）

※衣物、鞋襪、包包

☐ 內衣　　☐ 內褲　　☐ 短褲

☐ T恤　　☐ 毛衣　　☐ 長袖

☐ 正式服裝　　☐ 泳衣　　☐ 運動褲

☐ 牛仔褲　　☐ 薄外套　　☐ 羽毛衣

☐ 圍巾　　☐ 手帕　　☐ 帽子（依季節性）

☐ 襪子　　☐ 太陽眼鏡　　☐ 拖鞋

☐ 運動鞋

※旅遊及記事物品

☐ 轉接頭X2　　☐ 旅遊書　　☐ 螢光筆（畫地圖）

☐ 筆、紙　　☐ 小冊子

☐ 行程表與各項確認表單（紙本與電子檔）

☐ 玩具（桌遊及繪圖本）

出發！飛往澳洲

依孩子作息選航班

　　去澳洲玩耍，花費最多的當屬機票，一趟就要新台幣 3 萬多塊。從台灣飛到澳洲雪梨的這一段航班，我都會先上比價網站，輸入出發和回程日期，抵達的城市，就會從低到高排列各種機票，推薦大家多多善用這個網站。

比價網站：www.skyscanner.com.tw

　　2019 年 2 月出發前，查詢的價格從新台幣 1 萬 4,000 元到 2 萬 7,000 元都有。價格差異主要原因是總飛行時間，有的需要轉機 2 次，原本 8 小時的航程需要 48 小時才會抵達。古人說：「寸金難買寸光陰。」如果我是沒上班的單身族，可能會選擇慢慢晃。但礙於假期有限，小孩耐心更有限的情況下，我選擇花錢買時間。

將孩子的年紀納入航班選擇考量

　　如果小孩是小學以上的年紀，我蠻推薦搭乘在新加坡轉機的航班，這也是我學生時代會做的事情。雖然比直飛多了 2 ～ 3 個小時，但可以省下起碼 5,000 元。比較痛苦的地方在於晚上還要下飛機來準備轉機，

對於9點就要上床的小朋友來說是困難了一些，所以選擇航班還是要把小孩的年紀考慮進去喔！

最後我們還是選擇了直飛的班機，晚上11點出發，隔天早上7點就到了。等於在飛機上睡個覺就到了最愛的雪梨，我心想小孩應該也會很喜歡吧？

但是，人算不如天算。11點上飛機約莫半個多小時，宵夜來了，吃完空服員收走已經半夜。小孩的頭直接躺在我的大腿上，讓我整雙腿好麻，大約每2個小時就得起來走一次，然後5點鐘，早餐來了，算算整個睡著的時間應該不到3小時。

這次帶小孩搭飛機的經驗，和單身旅行的時候完全不同。以前我上飛機就可以開始睡覺，直接跳過宵夜點心，來到早上的餐點，真真正正的是睡一覺就到澳洲。但有了孩子之後，媽媽掛心的是他有沒有睡好。不但變得相當淺眠，為了讓他睡得更舒服，雙腳也充當他的枕頭了。

雖然我真的好想念說「Good day」的澳洲，但整晚沒有睡好，導致後面2天無時不刻其實都想睡覺，真心認為帶孩子進行長途飛行，下飛機後的第一站是立刻補眠3個小時。

一打二的航班新嘗試

有了上次帶著小孩飛行的經驗，這次要帶2個小男孩出門，對於航

班的選擇，又開始陷入拉鋸。如果孩子在飛機上不能好好睡著，那麼一定會影響接下來的行程，不如選擇轉機可能還好一點，可以下飛機走走晃晃，似乎也能消磨一點孩子的體力。於是，這次我們選擇了到新加坡轉機的新航，想想新加坡樟宜機場在全世界頗負盛名，有機會去看看也很不錯。

首先飛機空間非常寬敞，和之前去澳洲搭乘的飛機不同，舒適椅相當好睡。不只如此，空姐一看到小孩，馬上拿了玩具和孩子專用的耳機給我們。接著我們在自拍時，空中少爺立刻過來要幫我們拍照，讓人不得不豎起大拇指。

等到乘客都坐好之後，他們再提供每人一條熱毛巾擦雙手和臉。晚上睡覺前，居然還發了盥洗包（裡面有牙刷、牙膏和襪子），讓整個夜間飛行也可以很舒服。餐點也真的很好吃，兒童餐竟然還附有餅乾和葡萄乾啊！

機場也是個玩樂的好地方

座椅後方的 11.6 吋觸控式螢幕，2 個小孩一下子就上手，開始玩起遊戲。讓爸媽放心的是，還可以設定兒童模式，不但字體比較大，還有各種適合小朋友的卡通電影可以觀賞。小男孩光是玩這個就 2 個小時，讓媽媽在飛機上樂得輕鬆自在。

　　到了新加坡樟宜機場轉機也不必擔心孩子無聊。樟宜機場各航廈裡皆設有主題公園，像是仙人掌園、蝴蝶園等等，讓人在這幾個小時內也可以心曠神怡。帶小孩的朋友還可以體驗位在第三航廈的一樓出關處的大型溜滑梯（Slide），可以從 1 樓滑至 B3，最快可以達到每秒 6 公尺的速度，還有其他各種遊樂設施，讓孩子在機場也不會只能陪媽媽逛街購物。

　　結果，我問 2 個孩子去澳洲旅遊最好玩的是什麼？弟弟竟然回答：「新加坡航空！」看來 5 歲小男孩，最在乎的還是飛機上的遊樂設施呢！

台北（桃園機場）飛澳洲航班選擇

直飛選擇：

中華航空： 雪梨、布里斯本、墨爾本
長榮航空： 布里斯本

轉機選擇：

國泰航空（經香港）轉機： 雪梨、布里斯本、墨爾本、阿德雷德、伯斯、凱恩斯
澳洲航空（經香港）轉機： 雪梨、布里斯本、墨爾本
菲律賓航空（經馬尼拉）轉機： 雪梨、布里斯本、墨爾本
馬來西亞航空（經吉隆坡）轉機： 雪梨、布里斯本、墨爾本、阿德雷德、伯斯
新加坡航空（經新加坡）轉機： 雪梨、布里斯本、墨爾本、阿德雷德、伯斯、凱恩斯、達爾文、坎培拉
澳洲航空（經香港）轉機： 雪梨、布里斯本、墨爾本

入境注意事項

　　澳洲的海關絕對是全世界最嚴格的地方之一，因此要特別留意澳洲的出入境事項，尤其對於攜帶的物品規定非常嚴格，所以務必要先了解各種物品的攜帶限制，也必須留意申報物品的規定。簡單一句話，誠實為上，多半就能順利通關！

　　有任何不確定的物品就全部申報。我們這次帶了台灣的牛肉湯泡麵、雞湯泡麵以及洋芋片，在入境單上面有申報，工作人員問我帶了哪些東西，就讓我們過去，誠實是最佳策略。

這些東西不能帶進澳洲

乳製品，蛋和蛋製品

- 蛋黃酥、鳳梨酥、有使用到蛋液或蛋黃的月餅。
- 鹹鴨蛋、鹹鵪鶉蛋，或者用鴨蛋、鵪鶉蛋製的皮蛋。
- 含蛋的速食麵、蛋黃醬。
- 乳製品方面，除了來自無口蹄疫的國家的乳製品，其他乳製品含量超過 10% 的產品都是不被允許的。
- 三合一奶咖啡、茶和麥乳精、奶粉和含有乳製品的速食穀類食品。

非罐裝或非真空包裝的肉類

- 所有動物種類的新鮮肉、冷凍肉、熟肉、煙燻肉、鹹肉、醃製肉或者包裝肉。
- 臘腸和香腸。
- 整隻鴨、鴨肝、鴨胃、鴨腸、家禽內臟、牛肉條、牛肉乾、牛肉和豬肉絲、豬肉鬆、豬肉餡的月餅；還有含有肉類的速食麵、豬蹄、或者豬油渣。

- 寵物食物如魚食或者鳥食。
- 活的動植物。

種子和果仁

- 穀類、爆玉米花、生果仁、生栗子、新鮮花生、松果、鳥食、水果和蔬菜種子、未經識別的種子。
- 山楂、紅豆和綠豆。

新鮮水果和蔬菜

- 所有新鮮或冷凍的水果和蔬菜都不能都帶入境，包括在飛機上吃剩的水果。

武器和彈藥

- 這當然是不能帶的危險物品。

這些東西需要申報

- 熟食、生食及烹調原料。
- 魚乾、鹹魚、鮮魚和海鮮，例如：干貝、鯊魚翅、魷魚。
- 水果和蔬菜，包括：猴頭菇、龍眼乾、荔枝乾、陳皮、話梅、乾人參。
- 麵條和米。
- 包裝食品，包括：飛機上的食品、湯料，因此泡麵一定要申報。
- 調味芳草和香料，例如：茴香、桂皮、丁香。
- 零食記得一定要申報，包括：白果、花生、炒西瓜子、肉鬆，或者餅乾、蛋糕和糖果。
- 茶葉、咖啡和其他含牛奶飲料，如：三合一咖啡、茶和麥乳精。
- 被泥土、糞便或植物材料玷污的鞋類，這點比較特別，請留意。
- 藥品：感冒藥不能多帶，只能帶 1 盒並且申報，消炎藥等可以帶 2 盒。另外，暈車藥或普拿疼等消炎藥，一般是不需要申報的。但要注意的是，不可以超過常人使用的 3 個月用量。

通關流程

帶著 16 歲以下的小孩來到澳洲，一定要選擇人工通關，儘管不能用自動通關，但是帶小孩的旅客，工作人員會讓你優先通過，也算是一種福利。

1.入境審查

填寫入境卡。澳洲入境卡有中文版本可以取用，但請留意仍須以英文填寫。（填寫範例請見右頁）

2.入境檢查

海關會問一些簡單的問題，比方來澳洲的目的，回答旅行即可。

3.提領行李

就跟每次出國旅行一樣，等著提領自己的行李。

4.行李檢查

這邊需要把要申報的東西拿出來，從紅色的申報通道出關。

買好sim卡再離開機場

建議在機場就辦一張澳洲的易付卡，對於自助旅行的人來說，擁有一個澳洲的電話較方便和當地店家互相聯繫。澳洲有 3 家電訊商，分別是 Telstra、Optus 和 Vodafone。基本上，在人口密集的地區，例如：雪梨等大城市，這 3 間電訊商的手機網絡信號覆蓋和接收品質差異應該不大。我們是到澳洲機場的電信門市現場申辦，優點是可以立刻測試通話，但相對地就需要孩子在旁邊等待了。如果不想下飛機還要花時間買電話卡，或是擔心孩子耐不住性子，可以出發前預先購買。Telstra 的澳洲 SIM 卡在不少網站都可以買到，例如：Klook、KKday。

Telstra推出的澳洲上網卡

Telstra 是澳洲最大的移動通信網絡營運商，它的網絡覆蓋和速度在 3 間公司中最好，所以它推出的澳洲上網卡的價格也比較貴。以下是 Telstra 目前幾款主要的 Prepaid SIM Card 方案。

入境卡正面

■ 請依實際情形以「X」填寫。

■ 姓名與護照號碼：以護照上資料填寫。

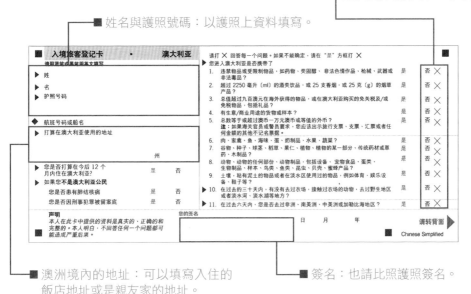

■ 澳洲境內的地址：可以填寫入住的
飯店地址或是親友家的地址。

■ 簽名：也請比照護照簽名。

入境卡背面

■ 澳洲聯絡資料：可以填寫入住
飯店電話或親友家的電話。

■ 緊急聯絡人資料：請填寫你
的家人或朋友的聯絡方式。

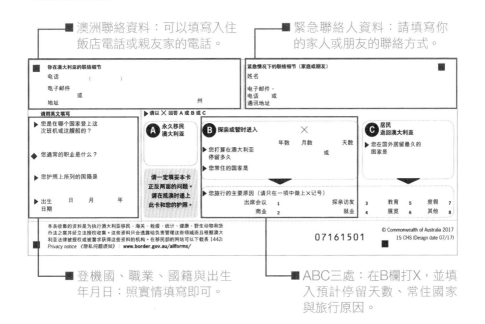

■ 登機國、職業、國籍與出生
年月日：照實情填寫即可。

■ ABC三處：在B欄打X，並填
入預計停留天數、常住國家
與旅行原因。

■ $10 Pre-Paid SIM Kit (Mobiles)：

• 有效期：7 天

• 內容：含 2GB 4G 流量 + 無限澳洲本地電話和 SMS + 20 個國家和
地區無限長途電話和 SMS（包括香港和中國大陸）

• 售價：澳幣 10 元

■ $30 Pre-Paid SIM Kit (Mobiles)：

• 有效期：28 天

• 內容：含 10GB 4G 流量 + 無限澳洲本地電話和 SMS + 20 個國家
和地區無限長途電話和 SMS（包括香港和中國大陸）+ $5 餘額（可
用於打其他國際長途電話）

• 售價：澳幣 30 元

Optus推出的澳洲上網卡

Optus 是澳洲第二大手機網絡營運商。Optus 推出的 Prepaid SIM
Card 有包含電話通話以及不包通話的純流量上網卡，包含電話通話的上
網卡稱為 Prepaid Epic Data，而不包通話的純流量上網卡叫 Prepaid
Mobiles Boardband。

以下是 Optus 包含通話的幾個主要預付卡方案：

■ Optus $10 SIM Starter Kit：

• 有效期：5 天

• 內容：含 5GB 4G 流量 + 100 分鐘澳洲本地電話 + 無限澳洲本地
SMS

• 售價：澳幣 10 元

■ Optus $20 SIM Starter Kit：

• 有效期：10 天

• 內容：含 12GB 4G 流量 + 200 分鐘澳洲本地電話 + 無限澳洲本地
SMS

• 售價：澳幣 20 元

◾ Optus $30 SIM Starter Kit：

- 有效期：28 天
- 內容：含 35GB 4G 流量 + 無限澳洲本地電話和 SMS + 澳幣 5 元餘額（可用於打國際長途電話）
- 售價：澳幣 30 元

Vodafone推出的澳洲上網卡

　　Vodafone 的是澳洲第 3 大手機網絡營運商，是 3 間澳洲電訊商中市佔率最低的一間。它的網絡覆蓋率也比 Telstra 和 Optus 低，所以在偏遠地區的接收可能會比較差。

◾ $30 Combo Plus Starter Pack：

- 有效期：28 天
- 內容：含 10GB 4G 流量 + 無限澳洲本地電話和 SMS
- 售價：澳幣 30 元

◾ $40 Combo Plus Starter Pack：

- 有效期：35 天
- 內容：含 20GB 4G 流量 + 無限澳洲本地電話和 SMS + 20 個國家和地區 500 分鐘長途電話
- 售價：澳幣 40 元

Info・如果需要打電話回台灣
- 澳洲打台灣市話：0011+886+ 台灣區碼（去掉 0）+ 室內電話號碼
- 澳洲打台灣手機：0011+886+ 手機號碼（去掉 0）

澳洲交通概況

　　帶孩子自助旅行最大的好處之一，就是有機會可以體驗各種當地的交通工具，也多了點冒險的樂趣。

如何從機場到市區

雪梨機場到市區

機場快線（Airport Link）：

時間好掌握，費用澳幣 17.84 元，車程約 15 分鐘。如果你的飯店住在市區，非常建議這個方式。

穿梭巴士（Shuttle Bus）：

適合行李多的人，直達飯店（每人澳幣 17 元，車程約 30 分鐘）通常是跟飯店配合，可以先詢問飯店代訂。

Uber：

手機上先設定基本資料和信用卡，費用比計程車便宜，可以直達飯店。如果人多加上行李多可以考慮。

布里斯本機場到市區

機場快捷（Airtrain Citylink）

　　布里斯本機場分成國內線、國際線，都有 Airtrain Citylink 可往返布里斯本中央車站，單程約澳幣 18 元，車程僅 20～25 分鐘。若能線上預訂車票，可節省 15% 車資。

預約網址：https://www.airtrain.com.au/

Airtrain 網站

機場小巴士（Con-x-ion Airport Transfers）

　　機場小巴士最方便的是可以指定在住宿點下車，可以選擇共乘車次（Shared Van），費用僅澳幣 15 元，車程約25～35分鐘，可自行線上預約，也可請飯店代為預定。

預約網址：https://www.con-x-ion.com/

Con-x-ion 網站

各城市交通概況

　　澳洲的通則就是招手叫不到計程車，除非你剛好有看到，但那個機會真的很低。請先記下當地的計程車號碼，或是裝好 Uber 的 APP，才能保證沒有後顧之憂。

　　另外，每一個州使用的交通卡片是不同的，類似我們的悠遊卡。雪梨是 Opal Card，布里斯本與黃金海岸用 Go card，單獨黃金海岸還可以使用 Go explore card。

　　這種卡片在火車站可以買到，一般的便利商店或是月台邊可以加值，大人一次以澳幣 10 元為單位，小孩以澳幣 5 元為單位。特別提醒大家，要退餘額需要有澳洲的帳戶才能辦理，所以絕對不要一次加值太多，不然只好送給澳洲朋友或是下次去澳洲再使用了。

　　上下車都需要刷卡（touch-on / touch-off），因為費用是用里程數來計算。絕對不要想逃票，被抓到會罰很多錢。我自己曾經在念書的時候，因為不知道國際學生不能使用學生票，那次被警察臨檢，被罰了澳幣 100 元！澳洲人基本上相信大家都會買票，但只要被發現刻意不刷卡，後果就會非常嚴重。

雪梨市區交通

雪梨火車路線圖

火車

雪梨的市區火車有 3 層，除了門口進去的那一層，還有上層及下層。這點也讓 2 個鐵道迷覺得非常特別。一開始他們要求要坐在最上層，居高臨下看外面的風景，之後又希望坐在最下層從底下去看上面的風光。

此外，雪梨的火車有安靜車廂（裡面會有標示），這邊的旅客多半在工作或是睡覺。帶小孩請盡量不要到這一節車廂，我們就在這裡被其他乘客制止了。最後要提醒的是，雪梨的火車常常在維修，我自己就遇過很多次，雖然會有替代公車，但是速度會比火車慢很多，請先預留時間。

輕軌

輕軌路線圖

目前只有一條線往返市區到 Dulwich Hill，途中經過達令港。雪梨目前正在擴建輕軌電車的路線，因此很多地方都在修路。

公車

Transport
網站

可以利用 Trip Planner 查詢搭幾號公車。提醒大家，如果你沒有帶嬰兒推車，請盡量不要坐在前面折疊椅的位子，因為澳洲人愛護小孩，這個位子會優先讓給有推車或是輪椅的乘客。我們自己就曾經 2 次被要求讓位，雖然小超人哥哥和小龍弟弟其實也是小孩，但遇到嬰兒推車和輪椅就需要禮讓了。

布里斯本市區交通

公車

　　布里斯本的主要交通工具是公車，公車站牌有 2 種顏色，白色和黃色。白色的是大站，黃色的是小站。公車上面沒有廣播，所以必須自行開啟手機定位系統或是注意跑馬燈的顯示喔！布里斯本的交通都是由 Translink 這家公司提供的，可先下載他們的 APP 或上網先查詢公車路線，網站上還可點選簡體中文，方便瀏覽。

渡輪

　　布里斯本的渡輪沿著布里斯本河移動，分為 3 種： City Cat、City Hopper、Cross River Ferry，喜歡搭船的朋友可以試試。

G link電車

G link 網站

　　我們覺得最酷的是在黃金海岸的電車 G link，是當地主要的大眾運輸工具，路線從 Gold Coast University Hospital 至 Broadbeach，總共有 16 站，可以到達許多黃金海岸知名景點，像是 Surfers Paradise 等等，非常方便，而且不時會有各種彩繪的列車，最吸引 2 個小男孩的眼光。電車很大，最酷的是可以放衝浪板。這就代表有很多人來這邊衝浪囉！搭乘上要特別注意上下車都要按鈕才會開門。如果傻傻地等它自動開啟，列車可能就跑掉囉！

墨爾本市區交通

電車

　　之所以選定墨爾本旅遊，是因為這裡擁有全世界最大的路面電車系統，對於小男生來說，一定非常興奮。而且墨爾本為了推廣觀光，居然

有免費環狀電車（City Circle）每天「朝十晚六」地雙向循環式圍繞市中心行走，途經很多主要街道和旅遊點，有三十多個站，搭一圈約50分，可隨心所欲地自由上下車。

　　墨爾本旅遊局為來此遊玩的旅客更細心地精選出數十個景點，每一站都特別又具參觀價值，大家可以到墨爾本城市內不同的地標，像是城市博物館（City Museum）、國會殿堂（Parliament House）、墨爾本濱海港區（Docklands）、費德瑞遜自由廣場（Federation Square）、墨爾本水族館（Melbourne Aquarium）、維多利亞市場（Queen Victoria Market）等等。票面的設計分全票（Full）、

優惠票（Concession）、孩童票（Child）、敬老票（Seniors），看看小超人練習自己上下車刷卡，我們像不像小小的背包客？

墨爾本電車地圖

如果你想自己開車

　　很多人到了澳洲自助旅行會選擇開車。這一項從來沒有在我的清單中，原因有二，一是我本人雖然有駕照，但是從來沒有單獨上路過。二是對我來說，自助旅行不就是要體驗各種事物，包含交通工具嗎？

　　然而，墨爾本的景點離市區車程大約一個半小時，本來是打算跟當地的團。但是詢價之後發現，過去單身一個人怎樣算都是跟 local tour 划算，還可以認識當地人，悠哉地跟著車子前進。但是帶著孩子之後不同了，小孩的價格和成人差不多，加上小孩等於價格翻倍。還好，上次澳洲行多了 kei 這個開車高手朋友隨行，我們開始思考自己租車的可能性。

不厭其煩地比價就對了

首先,租車要先到比價網站看價格。只要輸入前往地點,租車日期的區間就可以在不同的車型中尋找最便宜的價格。而且重點是,居然還有中文版的服務啊!非常方便!

澳洲租車公司的數目大約有十幾間,主要是國際性連鎖租車公司,也有一些澳洲本地的租車公司。在澳洲經營租車業務的國際性連鎖租車公司有:Hertz、Avis、Europcar、Budget、Thrifty、Enterprise、Alamo、National 等,而澳洲本地的租車公司有:East Coast、Jucy、Firefly、Redspot、Ace、Apollo、Altas、Apex 等。在這些租車公司之中,Hertz 和 Avis 是規模最大的,如果喜歡大品牌可以考慮。

除了在行程上預留取車時間約 1 個小時,出發前仔細檢查車身是否有損傷,並再三確認相關資料都備齊之外,尤其是緊急服務救援電話,是否確定取得,此外澳洲有些獨特的規定,要特別提醒一下:

- 國外租車,駕駛的年齡很重要,最好是大於 25 歲,價格會便宜許多。
- 一定要買全險。因為我們畢竟對國外的道路不熟,還有左右駕駛方向要適應的問題,為了以防萬一,保險一定要買齊。
- 6 歲以下孩童一定要坐安全座椅。
- 注意取車的時間與營業時間。由於澳洲人注重生活品質,除了機場的租車點之外,多數的租車處最早早上 8 點才開門。還有營業時間比較短,除了在主要機場的分店營業時間比較長外,其他分店的營運時間都比較短,一般週一～五會由上午 9 點～下午 6 點,週六、日可能只營業至中午,這點要特別注意。

接下來習慣右駕慢慢開之後,就可以帶著孩子來趟澳洲自駕遊了。

Info・租車比價網站

🌐 www.rentalcars.com

租車比價網站

澳洲住宿概況

費用與地點好壞成正比

　　每次去雪梨，我總是住在澳洲好友 Bob 家，我習慣請他吃個幾餐、再補貼澳幣 100 元左右的水電費。但這次，Bob 要求澳幣 200 元（約新台幣 4,500 元）的住宿費，讓我非常驚訝。這才發現，雪梨機場停車費在過去的 2 年，漲幅高達 100%。停車 1～2 小時，費用是澳幣 27.50 元、2～3 小時是澳幣 37 元。停車 3 小時的收費高達澳幣 62 元。

有趣的是，我曾經在 Webjet 訂票網站查詢澳洲境內機票價格，從雪梨
飛往墨爾本的機票起價為澳幣 59 元，停幾小時的車，竟然比機票還貴。

不過對大家來說，可能不像我有朋友家可以借住，這裡提供大家住
宿的原則與建議。

離火車站近一點比較好

住在交通方便的地方，對帶著小孩的爸媽來說，的確是能在交通上
節省很多時間，首要地點就是離火車站近的地方。

以雪梨來說，中央車站（Central station）附近類似台北車站，是
交通樞紐，要去哪裡都方便。環形碼頭（Circular Quey）一帶，鄰近
雪梨歌劇院、雪梨港灣，是個一開窗就能欣賞
美景的好地方。其他在市區的適合落腳區域也
很推薦博物館站（Museum Station）與市政廳
站（Town Hall Station）同樣也是交通方便，
鄰近博物館、公園與購物中心的好地段。

市區飯店 4 人房多半在新台幣 3,500

元～ 6,000 元之間。如果想要省錢，其實還蠻建議住在中間站史卓菲（Straithfield）或是寶活（Burwood）兩站。這兩個地方到市中心都不到半小時，只要選擇離火車站近的點，小搭一段火車也可以很快到市區，重點是住宿費大約在新台幣 2,000 元～ 4,000 元之間，可以省下不少錢喔！

我這次帶著孩子在黃金海岸住過的 VOCO 飯店，也就是考量到飯店門口就有電車，附近有很多餐廳和便利商店，對一打二的我來說，非常方便，孩子們每天一出飯店就能跳上電車到處玩也非常開心。另外，飯店一、二樓都有游泳池。小孩玩了一天之後晚上還可以去游泳，充分讓他們放電。隔天也有自助式的早餐，中西式都有，真是完美。

人生地不熟小心避開地雷區

每個城市都有環境比較不好的區域，澳洲也是。比方雪梨的國王十字區（Kings Cross）就是紅燈區，這裡有很多的色情行業。曾經有領隊朋友走在這一區，發現路上有一張澳幣 50 元的鈔票，要伸手去撿時，發現錢竟然會動，走了幾步之後，屁股被雨傘戳了一下，有位小姐問他

要不要來光顧，這才發現紙鈔是綁在一個釣魚線上面！

如果在布里斯本則要避開中國城（China Town），白天去當然沒問題，但是晚上這裡很多夜店、pub 等等店家會開張，充滿酒色財氣，相對的帶著孩子在這一帶入住，也比較讓人不放心。

記得比價，並留意網路、早餐與備品

現在網路非常方便，各種訂房網站可供選擇，預定國外的住宿不像過去門檻那麼高，所以當你決定好住宿區域、甚至是已經選定住宿飯店時，可以在網路上多看多比較，幾個全球性的訂房網站一定要去比價之外，也推薦 2 個澳洲當地網站供大家參考。

但是透過訂房網站需要留心的是，飯店的網路是否免費。因為澳洲的網路沒有台灣發達，但無法上網又很不方便。有些有上網限制，只要達到一定的流量就需要付費。另外由於提倡環保，多數的飯店沒有牙膏、牙刷，有些沒有沐浴乳和洗髮精，因此建議這些盥洗用品都要自備。

還有，要注意住宿的地方是否附有早餐。澳洲的飯店很多是沒有附早餐的，這就表示你必須要去外面買。但是三明治一個大概就要澳幣 6 元（大約新台幣 130 元）價格不斐，建議前一天就到超市，先買好隔天的早餐。

訂房網站推薦

Booking.com
世界最大的旅遊電子商務公司之一，主要提供全球住宿預訂的服務。

Airbnb.com
出租民宿的網站，提供短期出租房屋或房間的服務。可以透過網站或手機預訂。

Wotif.com.au
可查飯店、航班、租車資訊，也有機票和住宿的套裝可選擇。

Expidia.com.au
有飛機、住宿、租車活動等套裝，純澳洲網站。

大手牽小手的精采行程

6 天～18 天，隨你玩

　　前後去了澳洲 6 次，除了其中一次在澳洲進修行銷管理課程之外，每次都是自助旅行，也帶著孩子玩過澳洲 2 次了，因此有不少朋友問我，到底要如何規畫行程？

下飛機的第一個行程，就是睡覺

　　首先，我會非常建議帶小孩的家長，安排的第一個行程是「睡覺」。這是因為飛往澳洲的班機多半是下午或晚上起飛，隔天清晨到達，加上有時差的關係，實際上台灣還在大半夜。而且加上澳洲有夏令時間與冬令時間的調節，4 月開始雪梨、墨爾本地區的時間會比台灣快 3 小時，10 月的夏令時間開始，會比台灣快 2 小時，因此，一到澳洲最好先安排到飯店小睡 3 小時再出發。或者當天的行程安排早早結束，下午 6 點前就讓孩子們回旅館休息。

行程保留彈性、早睡早起

　　另外，一天的行程只建議 2 ～ 3 個點，並且保留彈性。比方弟弟在 Southbank 游泳池的路上跌倒，因此我除了馬上幫他包紮傷口外，立刻帶他到附近吃飯，跳過了原來既定的餐廳。還有我準備了 2 ～ 3 個備案，在那兩天詢問孩子們的意見，發現他們對於看夜景沒有興趣，便決定改去別的點。

　　至於睡覺時間，我們通常晚上 8 點前會回到住宿的地方，9 點半前睡覺，隔天 8 點左右叫孩子們起床，讓他們在旅行中也能睡滿至少 10 個小時。有些活動晚，比方造訪藍洞螢火蟲的是夜間行程，回到飯店已經是晚上 11 點，我隔天安排的行程中午才開始，讓小孩有充分的休息時間。有些活動早，像是搭乘熱氣球看日出，專車凌晨 4 點 25 分就來接我們，所以前一天我們早早睡覺，隔天安排搭乘下午時段，需搭乘 3 小時的火車，這樣一來就可以在火車上可以好好地午休。

每個地方都要走很久

　　另外，大家常用的 Google map 上的交通建議時間，請再多加半小時左右的時間，因為帶小孩走路慢，寧可慢慢地晃到目的地，也不要趕時間。還有，澳洲地大，澳洲人跟你說：「Around the corner.」其實

要走 10 分鐘。還有很多上坡又下坡的路。

　　我們在布里斯本住的 Park Hotel 算是交通方便,但是從飯店走到火車站和公車站也要 1 公里。中途還會經過 Roma Street Park,得上樓梯又下樓梯,還遇到了 5 隻大蜥蜴。所以我們平均每天都走了 3 ～ 5 公里的路,兄弟倆各穿壞了一雙鞋子!我則是每天晚上都要拉筋,回台灣後立刻跑去按摩腿部。

行程懶人包

　　本書的行程都是針對帶著小孩的爸媽設計,但行程還是要看家長和孩子興趣來量身訂做。比方我們家小孩喜歡冒險和玩水,就會盡量多一些這類活動。以下行程僅供參考,希望對於去澳洲旅遊的朋友們有一點幫助囉!

黃金海岸6天玩水假期

短暫假期　　體驗活動　　遊樂園　　喜歡玩水　　動物園

Day 1 搭乘飛機前往黃金海岸

Day 2 抵達黃金海岸機場，入住飯店

■早上

消防車體驗（Fire Truck Tours）
P.148

■晚上

室內跳傘（i Fly）＋水陸兩用車
（Aquaduck）體驗P.136、P.141

Day 3

■早上

衝浪者天堂衝浪（Sufers Paradise）
P.138

■下午

噴射氣艇（Jet Boating）體驗P.146

■晚上

Q1大樓看夜景

Day 4

■早上

夢幻世界（Dreamworld）P.151

■晚上

藍洞螢火蟲P.74

Day 5

■早上

可倫賓動物園（Currumbin
Wildlife Sanctuary）P.68

■下午

太平洋購物中心（Pacific Fair
Shopping Centre）逛街

■晚上

準備搭機回台

Day 6

■早上

抵達台灣

布里斯本＋黃金海岸10天自然之旅

較長假期　　海邊衝浪　　親近動物　　跳傘體驗　　遊樂園

Day 1

搭乘飛機前往布里斯本

Day 2

■早上

入住摩頓島（Moreton Island）渡假村P.100

■下午

滑沙體驗、餵食野生海豚

Day 3

■早上

浮潛

■下午

離開摩頓島（Moreton Island）

■晚上

布里斯本夜市P.176

Day 4

■早上

龍柏動物園（Lone Pine Koala Sanctuary）P.80

■下午

南岸公園（Southbank Riverside Green playground）P.122

Day 5

■早上

黃金海岸

■下午

消防車兜風體驗（Fire Truck Tours）＋室內跳傘（i fly）P.148、P.136

Day 6

■早上

衝浪者天堂衝浪P.138

■下午

噴射氣艇（Jet Boating）體驗P.146

■晚上

Q1大樓看夜景

Day 7

■白天

夢幻世界（Dreamworld）P.151

■晚上

藍洞螢火蟲P.74

Day 8

■白天

可倫賓動物園（Currumbin Wildlife Sanctuary）P.68

■晚上

太平洋購物中心逛街（Pacific Fair Shopping Centre）

Day 9

■白天

海洋世界（Sea world）P.154

■晚上

準備搭機回台

Day 10

■早上

抵達台灣

大堡礁＋黃金海岸10天玩樂行

 遊樂園　搭熱氣球　把無尾熊

Day 1

搭乘飛機
前往凱恩斯

Day 2

■早上

入住凱恩斯飯店
■下午

水陸兩用車體驗
（Aquaduck）P.141

Day 3

■早上

大堡礁乘船之旅、浮潛、船上晚餐P.111

Day 4

■白天

前往黃金海岸
■晚上

黃金海岸市集

Day 5

■白天

消防車（Fire Truck Tours）兜風體驗＋室內跳傘（i Fly）＋水陸兩用車體驗（Aquaduck）體驗P.148、P.136、P.141

Day 6

■早上

衝浪者天堂衝浪P.138
■下午

噴射氣艇（Jet Boating）體驗P.146
■晚上

Q1大樓看夜景

Day 7

■白天

夢幻世界（Dreamworld）P.151
■晚上

藍洞螢火蟲P.74

Day 8

■白天

可倫賓動物園（Currumbin Wildlife Sanctuary）P.68
■晚上

太平洋購物中心逛街（Pacific Fair Shopping Centre）

Day 9

■白天

海洋世界（Sea world）P.154
■晚上

準備搭機回台

Day 10

■早上

抵達台灣

大雪梨＋墨爾本懷舊10天旅行

遊樂園　　水族館　　經典景點　　蒸汽火車

Day 1

搭乘飛機前往雪梨

Day 2

■早上

入住雪梨飯店
■下午

雪梨大橋（Sydney Harbour Bridge）、岩石區（The Rocks）、雪梨歌劇院（Sydney Opera House）P.126

Day 3

■早上

雪梨水族館（Sydney Aquarium）
■下午

達令港遊樂場（Darling Harbour Children's Playground）P.119

Day 4

■白天

塔龍加動物園（Taronga zoo）、高空繩索（Ropes course）探險P.64
■晚上

雪梨塔（Sydney Tower）P.191

Day 5

■上午

雪梨飛往墨爾本
■中午

殖民風情電車餐廳（The Colonial Tramcar Restaurant）P.181
■下午

維多利亞女王市場（Queen Victoria Market）P.183

Day 6

■白天

蒸氣火車之旅（Puffing Billy Steam Train）P.106
■晚上

墨爾本市區巡遊

Day 7

■白天

菲利浦島（Philip Island）二日遊P.76

Day 8

■下午

聖基爾達海灘（St Kilda Beach）

Day 9

■白天

摩寧頓半島溫泉（Mornington Peninsula）P.94
■傍晚

彩虹小屋（Brighton Beach）、準備搭機回台P.86

Day 10

■早上

抵達台灣

東澳親子18天無敵玩樂之旅

遊樂園　　博物館　　經典景點　　跳傘體驗　　海邊衝浪

Day 1

搭乘飛機前往布里斯本

Day 2

■ 早上

抵達布利斯本機場

■ 下午

抵達海豚島天閣露瑪
（Tangalooma）、
滑沙體驗、傍晚餵野生海豚P.100

Day 3

■ 早上

浮潛

■ 下午

附近公園玩樂、準備搭乘渡輪離開海
豚島。

■ 晚上

晚上抵達布里斯本飯店。
布里斯本夜市P.176

Day 4

■ 白天

龍柏動物園（Lone Pine Koala
Sanctuary）抱無尾熊、餵袋鼠P.80

■ 傍晚

南岸公園（Southbank Riverside
Green playground）、摩天輪P.122

Day 5

■ 早上

出發前往布里斯本鐵路博物館（The
Workshops Rail Museum）P.162

■ 下午

皇后街（Queen Street Mall）

Day 6

■ 早上

海洋世界（Sea world）P.154

■ 晚上

藍洞螢火蟲P.74

Day 7

■ 白天

衝浪者天堂衝浪P.138

■ 晚上

Q1大樓看夜景

Day 8

■ 早上

夢幻世界遊樂園（Dream World）P.151

■ 下午

水陸兩用車（Aquaduck）體驗、逛海灘市集P.141

Day 9

■ 白天

可倫賓動物園（Currumbin Wildlife Sanctuary）P.68

■ 下午

室內跳傘（I Fly）P.136

■ 傍晚

太平洋購物中心（Pacific Fair Shopping Centre）逛街

Day 10

■ 早上

出發前往雪梨

■ 晚上

雪梨天文館（Sydney Observatory）P.166

Day 11

■ 早上

雪梨水族館

■ 下午

菲德戴爾動物園（Featherdale zoo）P.79

Day 12

■ 早上

雪梨港灣大橋（Sydney Harbour Bridge）、岩石區（The Rocks）、雪梨歌劇院（Sydney opera House）P.126

■ 下午

邦迪海灘（Bondi Beach）P.113

■ 晚上

雪梨歌劇院（Sydney opera House）音樂表演P.126

Day 13

■白天

獵人谷（Hunter Valley）二日遊
P.88

Day 14

■白天

獵人谷（Hunter Valley）P.88
■晚上

雪梨塔P.191

Day 15

■早上

航海博物館（Australian National
Maritime Museum）P.161
■下午

鄰近公園玩耍

Day 16

■早上

塔龍加動物園（Taronga zoo）、高
空繩索（Ropes course）探險P.64
■下午

鄰近公園玩耍

Day 17

■早上

庭園咖啡（The Grounds of
Alexandria）P.178
■晚上

前往機場準備回台

Day 18

■早上

回到台灣

CHAPTER
2

探訪孩子最愛
的動物生態

除了無尾熊和袋鼠，澳洲地大物博，
還有更多值得深入了解的動物生態。
都來一趟南半球了，
帶著孩子盡情探訪奇妙的動物世界吧！

塔龍加動物園
Taronga Zoo

不只看動物還可以練體力

　　塔龍加動物園（Taronga Zoo）我去了 4 次，每一次都有不同的驚喜。這一次帶孩子們來的重點在於餵長頸鹿，因為這個特殊的體驗在這裡才有，而且這個活動還無法在網路上先預約，只能在動物園內的商店預定。因此進入動物園的第一件事就是先去預約餵食長頸鹿。

餵食長頸鹿的難得體驗

　　之前長頸鹿的位置背後可以看到美麗的雪梨港灣，但這回長頸鹿搬家，雖然看不到港灣，但還是很有趣的經驗。原來長頸鹿可以吃胡蘿蔔，還有他的舌頭好長啊！親眼所見的感受真的很不一樣。現場會有拍照的服務，不過如果要取照片，得到園區裡的另一個商店，因此，要事先規畫好參觀的路線。

　　園方建議在門口搭乘纜車進到最後面，好處是這裡可以報名多種和動物面對面的活動，再慢慢地逛回到前方入口處，意外的是孩子們對於纜車覺得很有趣，我們總共來回搭了 2 趟。如果你的時間不夠，那就直接鎖定澳洲特有動物，像是無尾熊、袋鼠和鴨嘴獸觀賞就好。

小男孩最愛的繩索課程

　　這個動物園還有一大特色就是有繩索課（Ropes Course）。2 個小男生看到高高在上的繩子都十分害怕，問我如果摔下來怎麼辦？其實

Info・塔龍加動物園 Taronga Zoo

🏠 Bradleys Head Rd, Mosman NSW 2088
📞 +61-2-9969-2777
🌐 taronga.org.au
🕐 9：30AM ～ 5：00PM
🚌 1. 最推薦在環形碼頭搭乘渡輪，12 分鐘就可以抵達動物園，又快又能欣賞美麗的港灣。
　　2. 搭乘 Captain Cook Cruises，速度較快，費用較高。
　　3. 從 Central、Town Hall and Wynyard 站搭 M30 公車。

地圖

網站

這個活動從頭到尾身體都和繩索連在一起，非常安全。就連3歲的小妹妹也能穿著裙子玩。工作人員會先讓小孩戴上安全帽，再裝上繩索。再來確認繩子的高度是足夠的。教練講解需要把扣環套在繩子上，確認自己可以獨立完成簡單版，才可以挑戰困難版。結果2個小男生來回玩了6次，一直說好好玩。

　　只要先付費並且簽妥安全同意書，1個小時內，愛玩多久就玩多久，另外還有成人版可以挑戰，爸爸媽媽有時間的話，也可以試試看！

故意走失的小插曲

　　在這裡發生了一件很不好的事情，因為哥哥不想和長頸鹿拍照，我請他在旁邊等，結果他不願意等待竟然自己跑掉。我不曉得一個不懂英文、沒有手機的7歲小男孩為何如此大膽敢自己負氣離開？在原地來回找了十來分鐘，我只好請工作人員幫忙協尋。好在動物園裡到處都是志

工，我們又穿著同樣的親子裝，小超人在半小時內被找回。當下我很嚴肅地跟他說：「再怎麼生氣都不可以自己跑掉，讓自己置於危險之中。找不到媽媽就是永遠回不了家了！」

　　不過在後來的旅程中，哥哥看來有學到教訓，當我們在新加坡機場買東西，我跟他說著要去對面的書店逛街，只離開大約 10 分鐘吧，他以為我已經跑掉，還在旁邊哭呢！出門在外，孩子走失真的很可怕，還是請大家多多留心。

🌱 你還可以這樣玩

可以在動物園住宿過夜，和可愛的動物與美麗的雪梨港灣一起入眠，張開眼睛就看見動物在你眼前，可選擇類似飯店式房間或是露營。
住宿費用：成人澳幣 319 元 / 人；5 歲以上小孩澳幣 159 元 / 人（含早餐與腳踏車）
網址：https://taronga.org.au/dubbo-zoo/accommodation/zoofari-lodge
露營費用：成人澳幣 205 元 / 人；小孩澳幣 129 元 / 人（會有其他季節性優惠）
網址：https://taronga.org.au/dubbo-zoo/accommodation/billabong-camp

住宿網址

露營網址

PS. 可倫賓野生動物保護區（Currimbin）也有 Treetops Experience Pass，但因為 6 歲以上才能參加，所以我們沒有報名。
相關資訊參考網站：
https://currumbinsanctuary.com.au/what-to-see-and-do/encounters/treetop-challenge

黃金海岸

可倫賓野生動物保護區
Currumbin Wildlife Sanctuary

無敵小火車擄獲孩子心

來到黃金海岸旅遊，一定要去的就是可倫賓野生動物保護區（Currumbin Wildlife Sanctuary）。野生動物保護區成立於 1947 年，占地面積 27 公頃，是澳洲最佳的野生動物園之一，以可餵養彩虹鳥而聞名。每天的 11:20AM 以及 2:30PM 兩個時段有鸚鵡的表演。

我們第一站就是看餵大嘴鳥和鰻魚，因為小孩們沒看過餵食秀，就帶他們來看看。時間一到，看到工作人員餵食大嘴鳥，這裡有動物園的鳥和野生的大嘴鳥，都知道這個時間要來吃東西啊，看起來非常可愛。很特別的是鰻魚的餵食，因為鰻魚的聽力不好，工作人員必須不停地踏腳讓牠們知道食物在哪裡，算是長了知識，很有意思。

這一區也有溜滑梯和小型的繩索，就連餐廳旁邊還有溜滑梯可以玩樂，澳洲的小孩到哪裡都可以玩耍，真的很幸福。

小小鐵道迷一定會喜歡的小火車

對於 2 個鐵道迷來說，最吸引他們的是園區內的小火車。他們搭了 2 次遊園區一圈，有紅色和綠色 2 種。最特別的是火車站其實沒有月台可以停靠，所以一開始我們找了很久都沒發現站台，問了工作人員才發現，其實是在路邊的站就可以搭乘，告示牌上會有這個站的名稱還有下一班車抵達的時間。好不容易等到火車來，發現司機會自己更改時鐘的時間，

原來這個是手動的啊！

　　而且最棒的是司機還會幫忙推嬰兒推車，把車子放在前面的車廂，澳洲人真的有夠貼心。這裡還有餵鱷魚秀以及最受歡迎的抱著無尾熊合照。和龍柏動物園比起來，這裡排隊的時間比較短。我們還去看了爬蟲類秀，工作人員從箱子裡拿出各種蛇展示，並跟大家說明這些動物的習性。接著去看的是剪羊毛秀，主持人不只剪羊毛，還請幾位觀眾到台上去，示範羊毛的各種功能：當帽子、衣服或是頭髮。

等長大一點再來繼續探險

其實我們最想嘗試的是樹頂探險（Tree Top Challenge）、綠挑戰冒險園地（Green Challenge Adventure Parc），由 65 條樹頂索道交織而成，可惜規定要 6 歲以上，年紀不到的小龍弟弟還沒有辦法體驗，只好忍痛跳過。另外還有野外荒島（Wild Island）戶外冒險遊樂場與互動式科學活動區，可以利用 Segway Safari，使用電力驅動、具有自我平衡能力的個人用運輸載具，省時省力，但可惜要 45 公斤以上才可以使用。沒關係，我們長大再來！

給爸媽的小提醒

動物園在黃金海岸機場旁邊約10公里處，可以選擇當成下飛機的第一站或是上飛機前的最後一站。另外在園區用餐，要留意不時會有大隻的鳥要來搶食物。

　　最後小超人為了趕搭小火車，從鱷魚餵食秀的山坡上奔跑，然後小超人跌倒受傷。由於他的手正好跌在道路上的洞，手肘的傷口很深，當場先用面紙幫他止血，然後先擦藥，最後再去藥局買了大塊的紗布包紮，過了 2 個星期才好。

　　我跟他說，越急越慢。為了趕火車讓自己受傷，不但痛到自己還要花時間處理傷口，浪費更多的時間。小超人跟我一樣都是急性子，但有這次的經驗，他走路不再那麼急躁，也算是一種機會教育。

Info・可倫賓野生動物保護區
Currumbin Wildlife Sanctuary

🏠 28 Tomewin St, Currumbin QLD 4223
📞 +61-7-5534-1266
🌐 currumbinsanctuary.com.au
🕐 8：00AM ～ 5：00PM
🚌 搭公車 700 或 760 可以直達門口。

地圖

網站

雪梨 獵人谷動物園
Hunter Vally Zoo

小巧精緻卻讓人驚豔

　　帶小孩來獵人谷，不能錯過的是動物園。一到門口看到孔雀在停車場上面走，還有另外一隻站在屋頂上。除了一定要有的無尾熊之外，還看到了狐猴和澳洲特有的澳洲野犬（Dingo），鱷魚、駱駝、梅花鹿、鴕鳥、羚羊也能近距離觀賞。

　　這裡雖然小，但有各種奇特的動物。我們還見到了稀有的白色袋鼠，白袋鼠原產澳洲，是全球瀕臨滅絕的特種，全世界只有 1,000 多隻，是

赤袋鼠的白化種類。孩子們第一次看到白色的袋鼠覺得很新奇。還可以預約和動物一起玩和餵食的機會，像是皇狨猴（Emperor Tamarin）或是狐猴（Meerkat）都是很難得的體驗。

另外，這裡還有免費的烤肉區，展現了澳洲人很愛 BBQ 的特性，想想如果在動物園邊烤肉邊欣賞動物，感覺還蠻特別。

Info・獵人谷動物園 Hunter Valley Zoo

🏠 138 Lomas Ln, Nulkaba NSW 2325
📞 +61-2-4990-7714
🌐 www.huntervalleyzoo.com.au
🕐 9：00AM ～ 4：00PM （每週三公休）
🚌 建議請度假村的工作人員接送。

地圖　　　　　網站

黃金海岸

藍洞螢火蟲
Glow-worm

只有南半球看得到

只有澳洲跟紐西蘭看得到的藍光螢火蟲，當然是澳洲親子之旅一定要造訪的。

藍光蟲（Glow-worm）學名叫做真菌蚊蚋，其實是蚊子的遠親。發出藍光的目的是在於吃東西，食物來源就是趨光性小蚊蟲，且會吐絲捕捉受到光線吸引過來的小蚊蟲，藍光蟲的絲會混合口水，很像珍珠項鍊晶瑩剔透從天花板上垂直懸掛下來，壽命介於 9 個月～1 年期間。藍光蟲的發光原理是因為生物體的化學反應，當排便同時，產生出的螢光酵素酶類與氧氣結合，起化學反應才能產生藍光，只有屁股附近發光，所以看到的是一顆一顆美麗的藍色光點。

世界遺產等級的藍光蟲洞

藍光蟲喜歡平均溫度攝氏 23 度的溫暖且潮濕黑暗環境，距黃金海岸 1 小時車程的春溪（Sringbrook）國家公園中的自然之橋（Natural Bridge），由於河水長期沖蝕，形成了天然的洞穴，洞穴坍塌形成貌似橋樑的自然奇景之外，更是藍光蟲的最佳棲息地。

自然橋國家森林公園是澳洲最大最天然的藍光蟲洞，屬於世界遺產

🕐 **給爸媽的小提醒**

出發前建議換上長袖長褲，並帶著防蚊設備。活動結束回到飯店，大約會是晚上10點～11點間。因此下午可以先洗好澡，隔天活動中午之後再開始，另外，內部其實是不能拍照的，大家看到的照片是特別情商領隊同業提供的，就是為了讓大家一飽眼福啦！

的一部分！所以除了受到澳洲政府，昆士蘭國家公園，野生動物協會保護以外，還有聯合國教科文組織的嚴格保護。

此生必訪奇幻景致

春溪國家森林公園的藍光蟲洞，每個晚上限額 300 人，主要就是不想太多人打擾這片森林及藍光蟲的生態。而且無法單獨前往，請務必參加團體行程。

吃飽飯後，等著遊覽車來到飯店接我們。導遊給我們一人一個小的香蕉手電筒拿來照路，沿路請我們小聲說話互相提醒路況，2 個小男生也很乖地聽著解說。導遊還特別交代不可以去摸路上的欄杆，有時會有大螞蟻或是蜘蛛在上面，不小心碰到會奇癢無比！終於來到目的地，洞穴內很小，一次只能容納 2 團的人數，工作人員會先確保內部狀況，再帶我們入內參觀。

當親眼見到這些藍色的小光芒，真的覺得好神奇啊！滿天的藍光在前面一閃一閃，這是造物主的恩賜。真的百聞不如一見，快帶著孩子來澳洲看看神奇的藍光蟲吧！

Info・自然橋藍光蟲夜間導覽

🌐 www.daytours.com.au/optional-tours/Tours/natural-bridge-glow-worm-night-tour

網站

菲利浦島 Phillip Island

等待可愛小企鵝回家

帶孩子去墨爾本旅遊，除了搭地鐵之外，重頭戲就是看企鵝。

墨爾本可以看的企鵝有 2 種，一種是內行人才知道的聖科達海灘（St Kilda Beach），除了可以看到美麗的夕陽日落外，也能看到野生的神仙企鵝歸巢。這個從墨爾本市中心過來大約半小時，而且完全免費，但是不保證看得到。我們是在行前 2 天才發現這個地點也可以看企鵝，後來去碰運氣，連個企鵝的影子都沒有。

世界知名的企鵝觀賞地

另外一個超級有名的看企鵝地點，就是前往菲利浦島（Phillip Island）。光是看企鵝的行程選擇就有好多種啊！有觀光客最多的一般的觀賞企鵝行程（General viewing）、企鵝歸巢超級觀賞台（Penguim Plus）可以就近看到小企鵝們回巢的一舉一動。還會有專業導遊解說的行程，以及不必在海邊吹冷風發抖的 VIP 行程，更有讓你直接坐在沙灘上，保證聽得到企鵝叫聲的行程，但多數有年齡限制。考量小孩可以參加的團不多，我們選擇的是最一般的行程。

🐧 給爸媽的小提醒

這個行程的時間，可能會讓孩子太累，因為從墨爾本市區開車到此地要1.5小時，看完企鵝大約晚上8點，再回到市區就要9點多了。回到飯店可能接近10點，再梳洗整理一下大概11點，建議安排島上的2天1夜行程，讓孩子盡興也獲得休息。更建議自己帶著晚餐前來，因為這邊食物很貴，而且人潮很多。

接下來的重點就是預估抵達的時間，因為企鵝不等人，一定要提早抵達。由於企鵝造訪的時間因為季節而有所不同，最好在出發前先寫信和工作人員確定，或是上網看看，再提前至少半小時抵達，會比較從容。

超幸運捕獲落單小企鵝

由於觀賞企鵝是無法拍照的，因為小企鵝眼睛很脆弱，所以保護區內全面「禁止攝影」，連不開閃光燈也不行。所以我們拍的小企鵝是行程還沒開始前，落單的一隻喔。說實在，澳洲人很可愛，在岸上建造了企鵝的家。讓這些每天從海裡覓食回來的小企鵝們，有個安心的地方可以住。

終於時間接近，大家紛紛到了海邊，海風很大，但還好 4 月的墨爾本不太冷。沒多久，整個階梯上已經都是人。工作人員解說生態以及注意事項，可能是中國遊客真的很多，不但有英文，居然還講一遍中文，真的是全世界都在說華語啊。

接著大約 1 個小時，海裡大約會出現一群群的小企鵝，從海裡游上來，然後慢慢地走上岸，模樣相當可愛。這種可以和野生企鵝近距離接觸的機會不多，難怪很多人說菲利浦島是此生必來的地方！

Info・菲利浦島 Philip Island

🏠 Phillip Island, Victoria 3922
📞 +61-3-5951-2800
🌐 https://www.penguins.org.au/

地圖　　網站

東澳

想看無尾熊來這裡

擁抱、拍照可愛的小動物

帶孩子去澳洲遊玩,一定要「抱」無尾熊嗎？ 事實上,澳洲政府規定,
只有在昆士蘭省（亦即布里斯本所在地）才可以抱無尾熊。其他的地
方只能摸,然後在旁邊和牠們合照喔！

菲德戴爾野生動物園
Featherdale Wildlife Park

　　菲德戴爾野生動物園（Featherdale Wildlife Park）園區不大，大約2個小時可以逛完，但是可以看到澳洲的特有動物袋熊、刺蝟、笑翠鳥等等。這個動物園算是觀光客較多的，所以商店裡也可以順便買到木瓜霜和無尾熊紀念品喔！

在雪梨就可以和無尾熊合照

　　我非常推薦菲德戴爾野生動物園的原因在於，如果你沒有要去昆士蘭州，在這邊也可以和無尾熊合照。而且很棒的是，除了攝影師幫你拍美美的照片之外，居然還可以把手機拿給旁邊的助理幫忙側拍！讓你和無尾熊的同框可以有非常多張的照片！這邊的袋鼠飼料採取自己拿的良心方法，拿到之後自己投錢。飼料用的是杯子裝，全部用完再回收，相當環保。

　　這個動物園標榜的是親自動手體驗（Hand on experience），所以可以近距離地和袋鼠、綿羊一起玩耍，還有鴨子、兔子和鴕鳥，適合喜歡動物的小朋友。就連企鵝都在你面前，不是在玻璃裡面，讓人覺得好神奇啊。

🔍 給爸媽的小提醒

　　要來菲德戴爾野生動物園，搭火車是最方便的，但是雪梨鐵路經常修繕，雖然會以公車接駁，但是因為公車站會比較遠，加上要問人確定到底是哪一個公車站牌，還有要排隊等候，就會讓原本預定的時間至少再多上半個多小時！在安排行程上，得保留彈性喔！ 另外，如果在機場有拿Official Guide的話，書裡面有8折券，記得拿出來買門票。

Info・菲德戴爾野生動物園 Featherdale Wildlife Park

🏠 217-229 Kildare Road, Doonside NSW 2767 （近 Blacktown）
📞 +61-2-9622-1644
🌐 www.featherdale.com.au
🕐 9：00AM ～ 5：00PM
🚌 搭火車到 Blacktown 之後，再搭公車大約十多分鐘即可到達。

地圖

網站

龍柏動物園 Lone Pine Koala Sanctuary

　　龍柏動物園（Lone Pine Koala Sanctuary）是世界最大、最早的無尾熊保護區，絕對是來布里斯本必定要來的地方之一，特別是喜歡動物的朋友們。來到這邊的第一件事就是要先排隊和無尾熊合照，因為一天只有 3 個時段，而且排隊隊伍都很長。

擁抱無尾熊的難得體驗

　　好不容易排到了，才發現只有 1 個人可以抱無尾熊。另外的人只能看，不能摸。而且小龍弟弟因為太矮，工作人員也並沒有完全給他抱，而是在另一頭幫他抱著無尾熊。這一點讓小龍弟弟一直覺得不過癮，所以出發前一定要先跟小孩講清楚，才不會讓他們大失所望啊！

　　除了無尾熊，這裡有可以近距離接觸袋鼠的園區，可能是旅客都帶著飼料給牠們，所以牠們看到食物實在興趣缺缺啊！這裡還看到青蛙、鳥類還有其他的動物，園區其實不大，大約 2 個小時內就可以逛完囉。

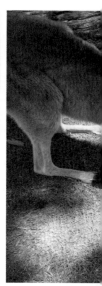

　　來到這裡之前務必要先查好公車時刻表，多半是半小時才一班車。我們最後是從 Roma Street 公車站坐到市中心再繼續搭車。建議從 Google map 上查建議路線之後再確認每一段車的時刻表。

Info・龍柏動物園 Lone Pine Koala Sanctuary

🏠 708 Jesmond Road, Fig Tree Pocket, Queensland, 4069
📞 +61-7-3378-1366
🌐 https://koala.net/zh-tw/
🕐 每日 9：00AM ～ 05：00PM；國定假日 Anzac Day 4 月 25 日，1：30PM ～ 5：00PM
🚌 1. 從皇后街車站搭乘 430 號公車或在 Adelaide Street 站搭乘 445 號公車。
　　2. 搭乘 Mirimar 渡輪：每日上午 10 點離開文化中心 Pontoon。浮橋位於國家圖書館外的木板路上。航程需要大約 75 分鐘。會在 11:15AM 到達龍柏動物園，並在 2:15PM 出發前往布里斯本市區。
Mirimar 郵輪：📞 +61-4-12-749-426（24 小時）
　　　　　　🌐 www.mirimar.com

地圖

網站

瑪璐無尾熊動物公園
Maru Koala & Animal Park

　　在墨爾本，除了墨爾本動物園之外，我們選擇的是瑪璐無尾熊動物公園（Maru Koala & Animal Park）這是安排在前往菲利浦島看企鵝之前的前一站，這裡最吸引人的就是可以近距離和無尾熊及袋鼠玩耍。

　　在門口購票時，就需要確定是否要和無尾熊拍照了，要拍照的話需要加價。在和無尾熊合照之前，孩子們已經和其他動物玩了一陣子。這裡的袋鼠很友善，小孩們光是餵袋鼠飼料就已經玩得不亦樂乎，只是稀少的白化症袋鼠，看起來有些憂鬱。這邊的是小型袋鼠（Wallaby）也很受歡迎。

　　重頭戲就是要來和無尾熊合照囉。工作人員先把無尾熊放在樹上，感

覺很乖。抱無尾熊建議穿長袖上衣，免得被爪子抓傷；還有盡量穿亮色系的衣服，才能凸顯灰色的無尾熊。其他的無尾熊都遮住眼睛在睡覺啊！

　　整個園區不大，建議停留大約 1 個小時左右即可。去過這麼多澳洲動物園，深感澳洲的動物園對待動物真的非常友善。多數的動物園把重點放在澳洲本土動物和鳥類。 澳洲的動物園和野生動物保護區肩負著環境教育和研究等極為重要的使命，藉此保育瀕臨絕種的動物。

Info・瑪璐無尾熊動物公園
Maru Koala & Animal Park

🏠 1650 Bass Hwy, Grantville VIC 3984
🕐 09：30AM ～ 17：00PM（聖誕節公休）
📞 +61-3-5678-8548
🌐 http://www.marukoalapark.com.au/
🚗 建議開車前往。

地圖　　　　網站

CHAPTER
3

達人篩選親子
旅行好所在

走訪雪梨歌劇院、雪梨大橋等世界知名景點，
前往人間天堂海豚島，享受海島樂趣，
搭上蒸汽火車，滿足鐵道迷孩子的心，
精選親子公園，讓孩子徹底放電！

彩虹小屋 Beach boxes

可愛小屋前看夕陽

很多人對於海灘上的彩虹小屋明信片景觀一定不陌生。這個當地人稱作 Beach boxes 或 Bathing Boxes 的地方就在全世界最適合人居住的城市——墨爾本。

這些彩虹小屋是怎麼來的呢？據說是以前的澳洲人蓋來給民眾換衣服用的。現在則是當成倉庫，供大家放一些衝浪板和獨木舟等器具。這些小屋大部分都是市政府的財產，只有少部分是私人的。

每一個彩虹小屋都有自己的特色，例如：澳洲國旗圖案、袋鼠圖案、衝浪主題等等，充分地表現出澳洲的文化。在布萊頓海灘（Brighton Beach）上，共有八十幾間彩虹小屋，其實可以慢慢走，一間一間欣賞。

不過小孩對這些一點興趣都沒有，只顧著玩沙子和玩水，他們的世界和我們真的大不同。由於要顧及小孩的安全，所以沒辦法每一間都仔細看看，雖然是帶孩子旅行的一個缺點，不過也可以試著從他們的角度看到不一樣的世界。

話說回來，我覺得黃昏的時候最美，夕陽怎麼拍都好看。所以這一天為了等待日落的景色，我們直接捨棄了迷宮花園。

Info・彩虹小屋 Beach Boxes

132 Esplanade Brighton,Victoria, 3186
info@brightonbathingbox.org.au
http://www.brightonbathingbox.org.au/
搭地鐵到 Middle Brighton 站，或搭車到 Brighton Beach Statio 徒步 1.3 公里沿著海邊找到彩虹小屋。開車從墨爾本市區出發，約 13 公里，車程約半小時。

地圖　　網站

獵人谷 Hunter Valley

孩子絕對玩不膩的度假勝地

多年前當我還在澳洲讀書的時候，就曾經來到獵人谷（Hunter Valley）。當時是跟著戀愛巴士（Speed date Bus）一起來獵人谷品酒，利用酒酣耳熱之際加強男女之間的關係，因此我對於獵人谷的印象，一直停留在大人的品酒之旅。因為這裡是澳洲最古老的葡萄酒區。如果帶孩子來獵人谷，不品酒要做什麼呢？

獵人谷度假村是 4 星級的度假村，位在獵人谷的中心地段，佔地 70 畝，還有專屬葡萄園，距雪梨北部僅 2 小時車程。

度假村有很多活動與行程，獵人谷探險體驗中心、賽格威平衡車尋找袋鼠之旅、騎馬探險之旅、糖果製作課程等等，同樣的有些有年齡限

制，孩子多半無法參加，很建議為了孩子安排 2 天 1 夜的行程，大人也可以放慢腳步好好享受一下。

火車+接駁才能抵達

第一天早上 9 點半，我們在中央車站（Central Station）出發，準備搭前往郊區的火車，特別提醒這個火車每天只有 1 班，所以務必要提前抵達。對孩子來說，火車上的餐車是最好奇的地方，建議大家在一上車就先點餐。因為像是兒童餐的義大利麵需要 45 分鐘製作，餐點還會送到你的位子上喔！抵達的前一站時就要準備下車，因為火車停靠的時間很短，請留意到站時間。萬一過站才下車，只能搭乘計程車到度假村，會十分的麻煩。

中午時分，我們到了蘇格登站（Singleton），一位穿著獵人谷制服的工作人員，滿臉笑容地迎接我們。我問他：「你怎麼知道是我們？」他說：「因為你們是這一站唯一下車的客人！」

按照票上面的指示，會有一台白色的車子來等我們，我在下車前就

請孩子們幫我找這樣的車子。但我們卻看到一台黑色的特斯拉。這時候哥哥說：「麻麻，不對，這台的顏色和車號都不一樣，這個叔叔是不是壞人？」孩子有警覺心是好的。我說：「他穿的是獵人谷的制服應該沒問題。」而且壞人還特地開高檔車來接我們，也很奇怪啊！後來才發現，其實他就是度假村的老闆 Philip！因為認為我們是 Peter 大哥的好朋友特地自己開車來接送，實在是有夠親切。

設備完善，大人小孩都放鬆

車子開了大約 20 分鐘抵達度假村，這裡有游泳池、圖書館、網球場。小孩看到房間有浴缸和陽台高興得尖叫。有孩子的家長就會懂，一個有浴缸的房間對於孩子來說多麼重要。接著和獵人谷的經理 Mei Mei 討論這兩天的行程安排，最後我們決定第一天下午先去獵人谷和獵人谷花園（Hunter Valley Gardens）隔天早上搭熱氣球，再去動物園看看。

我們的房間裝有木質高天花和大扇雙層落地玻璃窗，可以欣賞到澳洲的鄉村美景，全部都在同一層。客房共有 4 種，我們住的是 Hunter 房，已經非常滿意。Hunter 房有全尺寸的浴缸和淋浴設施，一張 Queen Size 雙人床，外加 2 張單人床。另外還有 Vineyard 房，有一張 King Size 雙人床面向葡萄園的美景。SPA Cottage 小別墅坐落於主住宿區之外，有一張 King Size 雙人床，再加上 SPA，巨大的陽台和小廚房。2 Bedroom Cottage 兩房別墅有小廚房、客廳和 2 個臥室。每個臥室都有獨立的衛浴設施。不論是小家庭或是大家庭，都可以在這裡住得很舒適。

🔵 **給爸媽的小提醒**

平日早上會搭火車去郊區的多半是老人，他們相當注重安靜。2 個停不下來的男生後來被前面的老婆婆凶狠地制止說話，這一點要請大家特別提醒孩子。

壯觀的獵人谷花園

　　這裡還有一個小的公園可以讓孩子溜滑梯和盪鞦韆，最棒的是上面還做了遮雨棚，讓我們在炎熱的夏天裡也可以舒緩一下。我們步行走到了獵人谷花園，這是澳洲最大的花園，總佔地超過 25 公頃，裡面有 6,000 棵樹木，是澳洲最著名的旅遊景點之一。整個花園有十多種不同的主題，如玫瑰園、義式花園、日本庭園、英式庭園、童書花園……可在這裡欣賞各種風情的庭園設計。

　　在澳洲的學生放假期間，園內還有旋轉木馬、摩天輪等設施和小火車會開，可惜我們去的時候學校還在上課，所以這些設備都沒有開放。

　　花園裡的 Lakes Walk 和 Rose Garden 真的很美，湖邊風光明媚，讓人以為在森林裡。我們去的時候是 2 月，天氣很熱大概有 35 度，儘管我們撐著陽傘，大概每 20 分鐘要休息一次，進去前記得準備點餅乾飲料。

記得帶上地圖喔

　　由於小男生們對於花花草草的興趣不高，沒多久就吵著要出去了。但要找到門口哪有這麼簡單？即便我們隨時觀看地圖，還是在有如迷宮一般的花園裡差點找不到出口，繞了好幾次都回到原地，好在小超人哥

哥的方向感很好，我們最後終於在將近 5 點時抵達門口的商店。但是，門已經鎖起來了！餐廳那邊也都沒有人！我不斷地敲門，大喊 Excuse me，過了大約 10 分鐘，一個女店員來開門，她說，大家以為裡面已經沒有人了，所以都下班了。喔！澳洲人真的很注重下班後的休閒啊！

特別的除夕年夜飯

晚上我們回到了度假村。Philip 很熱情地要請我們吃飯，強力推薦鱷魚肉 Pizza。我皺眉，懷疑這個東西會好吃嗎？他回答：「非常美味。」好吧，既然來了澳洲就試試看吧！試過袋鼠肉，還沒吃過鱷魚肉呢！

品嘗的第一口，真的是比想像中好吃許多，像是一種結實的魚肉，不像袋鼠肉或是牛肉硬邦邦的，搭配獨特的醬料做成 Pizza。孩子和我都吃了好幾塊。其實查點資料就不難發現，連《本草綱目》都有關於鱷魚肉的記載：「肉至補益，主治呼吸，足不立地，濕氣邪氣，諸它腹內，症瘕惡瘡」。原來鱷魚肉營養豐富，有大量的蛋白質和人體必須的氨基酸、不飽和脂肪酸、維生素和多種微量元素，但脂肪含量少。

我問他去哪裡弄到鱷魚肉的？他說這邊有專門養殖的農場，實在是太特別了。最後的甜點是獨特的 Cocktail Dessert，名字叫做：「Chocolate mud cake with white chocolate sauce & raspberry sorbet」甜甜的帶有一點酒味，還有冰淇淋在上面，多層次的口感讓人忍不住一口接一口，這絕對是我喝過最棒的雞尾酒。當然也要試試紅酒，還可以品嘗各種啤酒喔！在澳洲的這個年夜飯，真是美好又特別。

孩子開心就是最棒的旅行

吃完晚餐，Philip 帶我們到附近走走。這才發現，有好多袋鼠就站在附近啊！隨便一數就有十來隻。小男孩看到袋鼠馬上就去追著玩，直到他們非常接近，袋鼠才連忙蹦蹦跳跳地跑走。原野風光、袋鼠加上兩個興奮的小孩，這個景色真的很有意思。

度假村內還有一個小型的游泳池，記得要帶泳衣來玩水。另外還有一棟很棒的圖書館，裡面除了各類的書籍，還有各種孩子的桌遊和拼圖玩具，小超人完成了一個大拼圖，小龍弟弟忙著組裝車子，兩個孩子又在這裡消磨了一段時間。

現在你知道，獵人谷有多麼適合帶孩子來度假了吧！

Info・獵人谷渡假村 Hunter Valley Resort

🏠 Corner Hermitage Road & Mistletoe Lane, Pokolbin NSW 2320

📞 +61-2-4998-7777

🌐 https://www.hunterresort.com.au/

🚌 從 Central station 搭車到 Singleton 站，然後有專車接送到度假村。

Hunter Valley Shopping Village

🕐 9：00AM ～ 5：00PM

🌐 https://www.huntervalleygardens.com.au/shopping-village/

Hunter Valley Chocolate Company

📞 +61-2-4998-7221

🌐 hvchocolate.com.au

獵人谷花園

🏠 2090 Broke Rd Pokolbin, NSW 2320

📞 +61 2 4998 4000

🕐 9：00AM ～ 5：00PM。每年 11月～1月中，開放兒童遊樂場。

🌐 https://www.huntervalleygardens.com.au/

📍 https://www.huntervalleygardens.com.au/about/hvg-map/

地圖

網站

網站

巧克力網站

花園地圖

花園網站

園區地圖

摩寧頓半島溫泉
Mornington Peninsula

超棒的夢幻森林溫泉

　　在台灣洗過很多溫泉的我，有一天看到上方的照片，感覺此景只應天上有吧！就決定一定要來這個地方！它就是位於墨爾本摩寧頓半島（Mornington Peninsula）的半島溫泉。這個號稱南半球最棒的溫泉，到底有什麼特別之處？

早上10點後小孩無法進入？

　　摩寧頓半島的山頂溫泉（Hilltop Hotspring）有個規定，那就是早

上 10 點以後小孩不能進入，先不論這個規定可能很多人都會覺得很奇怪，我第一個想到的問題是，我該如何在 10 點前到達？從墨爾本市區開車要 90 分鐘。再加上當天取車，也需要保留至少 1 小時，怎麼看都很趕，但是前天晚上先取車，又得花上不少的停車費與租車費用。

　　自助旅行中，很多排定的行程還是要適時地調整。但是大老遠跑來墨爾本，沒有去當地人最愛的度假勝地又覺得太可惜了。最後我們決定還是當天早上 8 點取車，畢竟帶著小孩無法太早出門。再慢慢地開到溫泉所在地，山頂溫泉不能進去，那就去其他的溫泉吧！

　　另外，建議最好先預訂泡溫泉的時段，因為我們行程無法確定，所以並沒有先預約時段，不過假日和冬天，最好提前 1 個月預訂，免得去了之後才發現無法進門，另外這邊如果早上 8 點前入場，還可以享有早鳥價優惠喔！

媽媽不必擔心無法享受

　　帶孩子一起去旅行有很多限制，比方無法去適合情侶的 SPA 或是私人泡湯（Private Bathing）。但是，這裡卻不會讓我有這種扼腕的感覺，風景好到簡直是世外桃源，還有 28 種不同的池子可以選擇喔！

我們先從泡腳開始慢慢體驗。這邊還有可愛的圖案教你如何聰明地泡溫泉。後來我們到了可以直接躺下去的溫泉，真的好舒服，泡了溫泉之後，旅途中的疲憊似乎也消除了不少。旁邊居然還有真正的床可以躺著休息，設備也太完善了吧！一路上還有可以按摩腳的小池子，怎麼走都舒服。

特色溫泉好玩又夢幻

　　洞穴溫泉（Cave Pool）是我覺得超神奇的一個地方，在洞裡面泡溫泉超酷的，孩子們玩得不亦樂乎。其實每一個角落看起來都非常放鬆。孩子們玩水很容易累也容易餓，中途我們還點一個 Pizza 大家一起吃。事實上，這裡有提供早午餐和溫泉一起的套裝行程，但必須 16 歲以上才能參加，所以我們沒辦法選擇這個行程。

　　最後我們看到了山頂溫泉的指標，因為孩子在旁邊無法進入，所以

由我單獨上去拍照。沿路還有好幾個大小不一的溫泉，但最多人的就是這個山頂溫泉。然後我才恍然大悟，為什麼早上 10 點之後不讓孩子們進去，因為人實在是太多了！對小孩來說並不安全，也無法玩得很盡興。而且，小孩如果賴著不走，應該會占掉很多人的時間。

　　接下來，由於還要去草莓園，所以我們待 2 個小時就離開，強烈建議至少預留 4 個小時在這邊好好泡溫泉。如果有空可以採買溫泉相關的用品喔！

來場草莓園順遊

　　草莓園離溫泉很近，開車只需要 10 分鐘，這裡是全澳草莓產量最大的草莓園！採完草莓一定要品嘗到用新鮮草莓製作而成的甜點，那可是有得過美食獎項的，手工草莓醬也記得帶幾瓶回家，味道超棒。

　　可以和我們一樣購買家庭套裝入場，2 大 3 小才算 2 大 2 小的費用，

這就是人多可以省錢的道理。每個人可以拿到一個盒子，自由摘取同分量的草莓。別擔心語文問題，草莓園裡有中文解說。

走到草莓園裡，我們驚呼：「這才是真正的草莓園啊！」在森林的兩邊一大片的採起來超過癮。而且他們規畫得很完善，一邊正在種植不能採，另外一邊就讓遊客自由地採收。採完草莓之後，重頭戲在於品嘗他們的冰淇淋。不只要吃一球球的冰，別忘了點份草莓聖代，草莓味道超級濃郁，是我吃過最好吃的草莓冰淇淋喔！

如果時間允許的話，建議大家可以安排在摩寧頓半島進行 2 日遊，可以慢慢地欣賞沿途的風光。

Info・摩寧頓半島溫泉 Mornington Peninsula

🏠 Springs Lane,Fingal, Victoria, VIC 3941

📞 +61-3-5950-8777

🌐 https://www.peninsulahotsprings.com/

🌐 **預約網址**：https://www.melbourneonthemove.com.au/listing/day-tours

🕐 7：30AM ～ 10：00PM

💲 **週五～週一、國定假日**：大人澳幣 47 元；小孩（5至 15 歲）澳幣 32 元；幼童（4 歲以下）澳幣 5 元；長者與優待票澳幣 42 元。

週二～週四：大人澳幣40元；小孩（5至15歲）25元；幼童（4 歲以下）5 元；長者與優待票澳幣 35 元

🚗 1. 前往溫泉最便利的方式是自駕，沒有直達的公共交通工具。會館提供免費停車場服務，可以節省停車費！ 距離墨爾本市區大約 75 分鐘車程。

2. 沒開車的朋友建議利用旅遊巴士，每逢週二、五、六提供了收費的旅遊巴士來回接送，還有很多種套餐提供選擇，上車地點有 3：Melbourne City (Regent theatre)、Caulfield、Frankston。

| 地圖 | 網站 | 預約網址 |

草莓園 Sunny Ridge Strawberry Farm

🏠 244Shands Road, Main Ridge Victoria 3928

📞 +61-3-5989-4500

🌐 http://www.sunnyridge.com.au/

🕐 11月～4月：週五～日，9：00AM～17：00PM
5月～10月，週一～日，11：00AM～16：00PM

| 地圖 | 網站 |

布里斯本

摩頓島 Moreton Island

此生必訪的人間天堂

　　有天在網路上看到海豚島滑沙的照片，大讚怎麼有這麼好玩的地方，查了一下交通，就在布里斯本的東北方 58 公里，交通便利，立刻就把這個地方列為下次澳洲旅遊的重點。海豚島其實叫做摩頓島（Moreton Island），是世界第 3 大沙島，98% 的島嶼面積被劃入摩頓島國家公園內，是個非常原始又相當漂亮的島嶼。因為形狀就像一頭海豚，加上這裡同時也是全世界唯一可餵食野生海豚的地方，才有了「海豚島」這個稱呼。

六層樓高的滑沙超刺激

　　來到了世界上第 3 大沙島，不滑沙怎麼可以？櫃台報名後回房間稍作休息，下午 3 點集合，由導遊開著四輪傳動車帶我們去滑沙的地點。

由於島上的地形起伏很高，車子搖搖晃晃還不時地跳動，建議午餐不要
吃太多以免反胃。好不容易抵達目的地，發現這裡真的有夠神奇，眼前
是一片無盡的大沙漠，還有高達 200 英呎的陡峭沙丘，據說滑下來的速
度可高達每小時 40 公里。

　　導遊要求我們戴上蛙鏡，以免沙子進到眼睛，也要大家不要穿鞋，
不要帶水和相機，以免設備弄到沙，將有專人幫忙拍照，只不過需要付
費購買，木板當然要自己拿上去。但我強烈建議要帶水，因為豔陽高照
下的沙漠，真的有夠熱，隨時需要補充水分，而且如果人數允許，相機
是可以輪流帶著隨時拍照的。

　　沙漠地不好走，好不容易走到最上面，要滑沙得再跟著隊伍排隊。
滑下來真的非常刺激，想玩就再拿著木板走上去，又得再耗費體力，但

滑沙真的很過癮。由於時間的關係每人最多滑 2 次，所以一定要把握機會啊！小孩們各滑了 2 次之後，就在沙漠上面玩沙，捨不得離開呢！

難得的餵食野生海豚經驗

晚上在海豚島的重頭戲是餵食野生海豚，這也是全世界唯一可以餵野生海豚的地方。

天閣露瑪餵野生海豚的活動於 1992 年正式開始，當時有 6 條海豚參加餵食。現在的餵食活動在每天日落之後在度假村海邊進行，參與的海豚數量也擴大到 12 條。為了確保海豚的天然性和獨立性，天閣露瑪給海豚提供的食物僅占牠們每日食量的 10 ～ 20%。正是因為這一規定，才保證了參加餵食活動的海豚，不會依賴人類餵食。

餵海豚時因為必須走到海裡面，所以幾乎腰部以下都會濕，建議要穿著泳裝。工作人員會先請大家把手洗乾淨，再拿一條魚去餵牠們。當然不能用閃光燈拍照以免傷害海豚眼睛，也切記不可以摸他們的頭，因為這樣猶如打海豚。沒有餵海豚的朋友不能接近，只能在遠方拍照。整個過程其實只有短短大約 5 分鐘，但真的是很特別的經驗。

圖片提供／天閣露瑪渡假村

在沉船遺跡中自在浮潛

　　島上有個著名景點天閣露瑪沉船點（Tangalooma Wrecks），那裡有 15 艘沉船遺跡，詢問工作人員後，才知道這邊的船是昆士蘭政府買來放的，不是真的有船難，但「遺跡」兩個字又讓這個地方多了幾分的神祕感，現在則已經成為各種魚類和珊瑚的棲息地。

　　想要參觀得先在岸上填寫旅客的基本資料，教練細心地幫我們量防寒衣服和蛙腳的尺寸，指導如何帶上浮潛蛙鏡。雖然是浮潛，教練還是在船上教導我們如何使用救生圈。會游泳且體力許可的朋友可以自行游一段路再上船。

　　由於弟弟還不會換氣，加上我們要在海裡移動，因此選擇的是最安全的，由導遊抓著救生圈，我們 3 個人只要抓著上面的繩子，腳跟著輕輕地游動就可以了。頭往下看，海裡面有好多的熱帶魚和珊瑚，運氣好的話還可以看到海龜。

　　孩子們一開始覺得很新奇，但後來因為不習慣浮潛的面罩而不想動，最後就覺得很冷，難怪教練一直提醒我們腳要動啊！因為媽媽也跟

著下去玩了，所以沒有辦法拍照，這部分就要請大家自己去體驗囉！

島上各類活動應有盡有

當然，島上的活動有好幾十種，包括陸地上的活動：搭直升機遊海豚島、騎腳踏車或是體驗兩輪平衡車（體重 30kg 以上）或是租四輪傳動車。海上的活動還有賞鯨、搭船餵海裡的魚、搭乘玻璃底船欣賞海中魚類、划獨木舟和 8 歲以上才能玩的 SUP 直立式划槳（Stand up paddle）、香蕉船，甚至於自己租一艘帆船出海探險，或是深入海底潛水、或體驗刺激的滑翔傘（Daragliding）也可以！

我個人最想嘗試的其實是 SUP，這個在台灣體驗過的活動，很容易可以直接站在板子上。用槳慢慢划行，優雅地來趟海上的 SUP 航行，多麼愜意的一件事啊！可惜小孩的年紀不夠，這也成為下次再去澳洲挑戰海上活動的理由囉！如果團體人數夠多的話也可以聘請私人導覽，玩遍整座島。

明星也愛來的度假村

島上唯一的度假村天閣露瑪（Tangalooma），2006 年榮獲「澳大利亞最純淨海灘」的殊榮，也是許多名人喜歡的度假聖地，周杰倫和孫儷都曾經來過。

島上有安排專門的導遊接待，還有許多會講中文的大陸朋友，所以英文不好也不用擔心。光是走在海豚島上都覺得是一種享受，天空好藍，沙子很乾淨，空氣清新超級舒服。

不只如此，這裡還有設備完善的休閒設施，包含沙灘排球、籃球區、網球場、跳跳床（需付費澳幣 5 元），路上還有獨特船造型的溜滑梯，兩個小孩看到已經迫不及待想要去玩。最讓人興奮的是，路邊就有一個小型的游泳池，讓兩個小男生一直想要玩水啊！

接著到了住宿區。除了專人幫我們 Check In，還帶我們到房間，而且度假村非常貼心地已經把大行李送到了房間門口。我們住的是家庭套

房，一進門，就被明亮的環境所吸引，另一邊的門打開就是網球場。裡面竟然還有一張大床，就算是 6 個人來也綽綽有餘。

房間裡有大冰箱、微波爐和小廚房，在這邊煮東西也很方便。不想自己煮也沒關係，這裡還有 3 間餐廳供選擇，有中式、西餐還有速食，居然還有壽司啊！陽台外面有張桌子和椅子，天氣好的時候坐在外面曬太陽聊天，看人打球也很棒。另外一頭竟然還有烤肉台，澳洲人真的很愛 BBQ！

很建議來海豚島並住在天閣露瑪度假村裡，好好享受世界第 3 大沙島的純淨自然。其實海豚島有 18 個澳門大，度假村只占島上的 2%，找個時間來品味人間天堂的滋味，真的是人生一大享受。

Info・天閣露瑪度假村 Tangalooma Island Resort

📞 +61-1300-652-250

🌐 https://www.tangalooma.com/

🕐 目前的渡輪時間：

布里斯本往天閣露瑪：7：00AM、10：00AM、12：00PM、5：00PM

天閣露瑪往布里斯本：8:30AM：00PM、4：00PM、7:00PM

🚌 從布里斯本機場搭乘計程車大約 15 分鐘就可以到達 Pinkenba 渡輪站出發。

地圖

網站

蒸汽火車 Puffing Billy

小小鐵道迷心願達成

　　帶孩子去墨爾本，不能錯過的就是蒸汽小火車（Puffing Billy）。運行於丹頓農山脈（Dandenong Range）的蒸汽火車是墨爾本有名的火車，從 1900 年開始營運，主要任務是運輸當地居民日常用品跟木材。這個可以把頭、手伸出窗外的火車，光是看照片就覺得很有趣。所以，不只觀光客，對當地人來說也是一個相當熱門的景點。

提前訂票、抵達不掃興

　　因為搭乘的人很多，所以一定要至少提前 1 個月訂票。蒸汽火車的玩法太多了。如果是情侶或夫妻選擇浪漫的爵士夜晚，一邊享受音樂美食，一邊搭乘火車，或是在這邊一起跳舞。如果是有小孩的家庭，最普

遍的玩法就是搭乘蒸氣火車，欣賞沿路風景，來回時間大約 3 小時，還可以選擇在 Lakeside 站下車玩耍，再搭乘回程車。火車全程共 5 站，單趟全程約 1 小時。

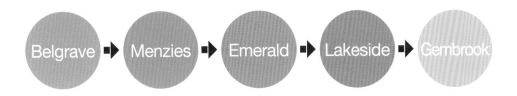

Belgrave ➡ Menzies ➡ Emerald ➡ Lakeside ➡ Gembrook

我們選擇的是在 Lakeside 下車，回程車有 1 小時或是 3 小時後，這個抉擇讓我們考慮很久。因為停留 3 小時，等於 3 點半才會回到出發點，大半天就花在這裡，沒法安排其他的活動。所以最後我們還是決定搭乘 1 小時後的車次。

好不容易走到入口，才發現我們已經在網路上買好的門票，需要在入口處兌換！眼看著距離開車時間剩下 10 分鐘，我的前面還有至少 25 個人，應該怎麼辦呢？我要自己冷靜下來想想，怎樣才會讓工作人員願意讓我先行通過。我問前面的旅客他是幾點的班次，他說十一點半，在前面一位也是。只有我是十點半的。我趕緊抓著走過來的工作人員說：「我是十點半的班次，能不能讓我先換票呢？」

驚險萬分差點上不了車

賓果！工作人員立刻詢問有沒有其他人也是十點半的，讓我們少數的兩、三隻貓排到最前面。我就在最後的 3 分鐘換到了紀念車票，快步地跑向月台。好在火車也等了 5 分鐘，但是好的位置，也就是後面偏右邊可以看到好風景的位置已經被占光，而且小超人還非常地生氣。哥哥很討厭「遲到」這件事情，因為破壞了他的秩序感。事實上，所有的孩子都有秩序感。沒有了秩序感的兒童就像在森林中迷路一樣，找不到方向，這種迷失感會制約著兒童的行為，帶來負面情緒。

我們剩下最前面車廂的位子，這裡得小心被煤炭噴到。車廂內不時會有小小的煤炭粒子飄來，建議要戴上墨鏡啊！第一站 Menzies 只停留不到 10 分鐘，可以下來拍拍照，看看火車和月台的模樣。這才發現蒸氣真的好多啊！沿途的風景很漂亮，草原上還有牛在吃草，青青草原的風光也不過如此了吧！

Lakeside站玩法超多

到了大家推薦的 Lakeside，其實也有多種玩法。你可以在這邊野餐、參觀玩具博物館，或是到湖邊拍拍照，風景很迷人。我們則是到湖邊去搭乘可愛的親子遊船。只需要一個大人踩動，小孩在旁邊就可以在湖面上活動。

🐱 **給爸媽的小提醒**

從墨爾本市區開車到這裡需要1個小時，建議早早就出門，因為停車位很難找，而且還需要時間排隊換票！最後，從停車場再走到月台竟然需要15分鐘以上！！

　　回程時我們早早上車，終於在最後的車廂坐了下來，拍到這個美麗的景色。雖然火車很高，但卻一點也不可怕啊！車廂內的工作人員很樂意地和我們合照，澳洲人真的親切又可愛。回到車站可以添購一些紀念品，我在這裡終於買到了蒸汽火車模型給 2 個小男生。

Info・蒸汽火車 Puffing Billy

🌐 http://puffingbilly.com.au/en/

🕐 **時 刻 表**：https://puffingbilly.com.au/timetable/

🚗 1. **火車**：先從 Southern Cross 站坐到 Belgrave 站，時間大約一個半小時。再從 Belgrave 站走到售票處大約 15 分鐘。

2. **開車**：如果開車的話就要注意預留停車的時間，因為附近不好停車，停車場走路過去至少要 10 分鐘以上。

網站　　　時刻表

東澳

澳洲海邊玩樂推薦

精選海灘絕對難忘

　　來澳洲旅遊，少不了要去海邊玩耍，澳洲有各式各樣的海灘，應該要如何選擇呢？尤其雪梨是個海灣的城市，不玩水怎麼行？

　　在雪梨也不必跑太遠，雪梨的曼利海灘（Manly Beach）和邦迪海灘（Bondi Beach）都離市區不遠。實際上，即便什麼事都不做，光是坐在海灘上發呆也能享受美好。孩子們只要一顆海灘球、飛盤、或是用雙手玩沙子也很開心。

大堡礁 Great Barrier Reef

首選當然是世界遺產大堡礁，這是我最推薦去澳洲的地方之一。廣達 2,300 公里的大堡礁（Great Barrier Reef）是世界上最大的熱帶珊瑚礁系統。五花八門的海洋生物擁有最鮮豔的色彩。

有些人或許不曉得在眾多的大堡礁行程裡到底有什麼區別。行程大致有搭乘直昇機、深潛、浮潛、海底漫步、乘坐玻璃底船觀賞。到底要怎麼選擇一個最划算又可以看到最多海底世界的玩法呢？

首先對於不會游泳的人來說，建議可以選擇乘坐玻璃底船觀賞或是海底漫步（Sea Walker）。2 種玩法基本上身體並不會溼，而且不需要會游泳，如果女生正好遇到大姨媽來，不方便下水，但又想親身體驗海底世界，可以選擇海底漫步。它是一種戴上頭罩下去海底 3 呎的活動，頭罩裡面可以自由地呼吸，跟著教練潛入大約 3 呎深的海底，站在平台上面觀賞大堡礁的世界。教練會不時地將飼料倒入海中引來大大小小的魚。

如果是會游泳的人，則可以選擇深潛與浮潛。浮潛可以自己下去玩，基本上不需要會游泳，因為會有救生衣，可以直接浮在海面上，還有教練在一旁監看。深潛的話歷時約半小時～1小時，要穿潛水衣，帶上氧氣罩，由教練帶著進入約六呎深的世界。

🔵 **給爸媽的小提醒**

要特別注意有計畫要去潛水的朋友請把高空跳傘或是搭乘熱氣球排在後面，而且至少要間隔12小時，以免身體不適應。

喝光大堡礁的水?!

　　不過這樣的活動卻沒有想像中容易。或許是因為我剛學會游泳,剛剛習慣用嘴巴大口吸氣,用鼻子吐氣,對於這個只能用嘴巴咬著氧氣管呼吸的動作實在做不來。我們一行3人(我和Sunlover的經理與一個中國男生)一起先在岸上練習。我們試著拿開管子,再重新戴上,並且要用嘴巴呼吸(鼻子不能有任何動作),我覺得還不太行,教練已經請我們到海底下。

　　2個男生已經下去。接著我沿著繩子往下爬,因為嘴巴張大的吸氣使得我不斷喝水,嗆到非常不舒服,已經喝了十幾口水的我,看到深不見底的海,不由自主地往上爬。

　　想到一下去就是1小時,不曉得我還要喝多少水,加上大堡礁的水位似乎已經有點下降。我爬了上來,決定不要逞強。

DVD與攝影手冊值得一買

　　雖然如此,我卻一點都不覺得可惜。旅行的時候需要量力而為,當然每件事都要盡力嘗試,但安全第一。像我這樣沒有辦法下去深入體驗大堡礁的人,最好的替代方案是在當地買相關的DVD,這些影片的內容都是由潛水教練在一年內選幾天風平浪靜的日子特地下去大堡礁拍的。

你可以在裡面看到最多的海底生物,不用擔心不會游泳或是身體會濕,更沒有使用氧氣筒的問題。

Info・大堡礁
🌐 http://greatbarrierreef.org/

網站

邦迪海灘 Bondi Beach

　　距離市中心只有 10 公里的邦迪海灘（Bondi Beach）是雪梨最熱鬧的海灘之一，只要從市中心搭火車半小時內就可以抵達，非常建議大家花上半天來玩。這裡全年舉辦許多盛事，從社區藝術展覽到從城市跑到海灘的馬拉松賽事都有。當地公立學校的校園內每週日都會舉行邦迪海灘市集（Bondi Beach Markets）也是一個特色。

　　我們在逛完雪梨歌劇院之後，就在環形碼頭搭公車 333 前往邦迪海灘。大約半個多小時，車子停靠在商店街前面，這裡有很多餐廳和商店可以逛逛。我們決定先吃午餐再去玩水。提醒大家不要帶食物去海灘，海鷗會偷吃。除非你可以一直守在包包旁邊，但來海邊就是要玩，所以結束之後再去飽餐一頓也可以。

　　雖然這裡離市區很近，但畢竟還是海邊，要注意防曬，最好是穿長袖的泳衣，把暴露在外面的皮膚擦上防水防曬乳，每 2 個小時補充一次。這一天因為趕著出門沒有帶泳衣，在路上已經幫兩兄弟擦了防曬乳，但是小超人堅持要把外面的短袖衣服脫掉，剩下小背心。結果他的兩個肩

膀，也就是沒有擦到防曬乳的地方被曬傷了。

爸爸媽媽要合力看顧小孩

　　我一個人要顧 2 個玩水的男生其實很挑戰。我警告他們，人很多，這裡是真的海水，只有一個大人，只能在碰得到地的地方玩，一定要非常小心。小龍弟弟不會游泳，只敢在沙灘附近玩沙，用腳踏踏浪花。

　　哥哥會自由式和仰式，加上在黃金海岸衝浪的美好經驗，所以他跟著一群大人，站在浪高的地方想要衝浪。我只好不斷地提醒他，這裡沒有教練，這樣很危險。一邊要看在海邊的小超人，一邊要看玩沙的小龍弟弟，還要捕捉拍照的畫面，媽媽真的很忙。一不留神，哥哥不見了！我趕緊請救生員幫忙尋找。還好沒多久就發現他在我後面堆著沙堡。所以水上活動還是要一打一或是找好教練當幫手，大家都玩得很開心又盡興。

🅠 **給爸媽的小提醒**

　　特別提醒這裡的淋浴間沒有門，澳洲人本來就很開放，大家就入境隨俗吧！

Info・邦迪海灘 Bondi Beach

🚌 1. 搭乘火車到 Bondi Junction 轉搭巴士
　 前往邦迪海灘（Bondi Beach）
　 2. 市區搭乘 333 公車直達海邊
　 3. 搭乘觀光巴士【邦迪海灘線】共停靠
　 11 個站點，行駛完全程約 90 分鐘。包
　 括：中央火車站、唐人街、雪梨塔、邦
　 迪海灘、玫瑰灣、雙灣等。

邦迪的市集

🏠 Campbell Parade, Bondi Beach NSW
　 2026

🕐 週六 09：30 ～ 13：00；週日 10：00
　 ～ 16：00

🌐 http://bondimarkets.com.au/

🚌 從 Bondi Junction 搭乘 333、333N、
　 362、380 公車至「Bondi Beach
　 Public School, Campbell Pde」

地圖

網站

大洋路 Great Ocean Road

大洋路起始於墨爾本（Melbourne）市中心，歷時 90 分鐘。這條路橫跨 400 公里（249 英里），從托爾坎（Torquay）一直到南澳邊的尼爾森（Nelson）。可以自駕或是參加當地的旅遊團。這個景點建議跟著當地團出發，可以認識導遊、其他團員，又省下來回交通的奔波。

我第一回看到十二門徒石（Twelve Apostles）的 12 顆石頭時，覺得上天造物真的很神奇。這些從南大洋雄偉矗立的陡峭石灰岩峰就這樣站立在海中，配合著彩虹的超級美景，覺得此景只應天上有吧。

這次帶孩子來墨爾本，因為考慮 6 歲的小超人對於海岸線的美景還不會欣賞，所以直接跳過了此站，改去看菲利浦島的企鵝。

Info・大洋路 Great Ocean Road

🌐 http://www.visitgreatoceanroad.org.au/

網站

費沙島 Fraser Island

世界遺產之一。移動的沙丘、彩色砂石懸崖、雨林植物、清澈的海灣和白色海灘構成了該島獨一無二的自然景觀。

費沙島是世界上最大的沙島，因為島上都是沙，所以要搭乘人車共用的運輸船，4WD（四輪驅動）可以直接上下。

建議選擇 3 天 2 夜的行程，才能在島上放鬆心情，慢慢體會沙島風情。也因為所需時間比較長，到目前為止，還沒有機會上去過，這也成了我下次去澳洲的目標之一。

Info・費沙島 Fraser Island

🌐 https://www.visitfrasercoast.com/Destinations/Fraser-Island

網站

其他推薦海灘

　　再來是不論大人或小孩都喜歡的黃金海岸（Gold Coast）。有著黃金般的沙灘，附近有許多適合孩子的樂園，包括華納兄弟世界影城（Warner Bros. Movie World）、夢幻世界（Dreamworld）、海洋世界（Sea World）、激流世界（WhiteWater World）等樂園。我特別推薦這裡的衝浪者天堂，有著 5 歲以上小孩就可以體驗的衝浪課。如果孩子還小，光是在海邊踩沙子、踏踏浪也很有趣。

曼利海灘（Manly Beach）

　　會選擇帶孩子去 Manly Beach 的原因有幾個。可以在環形碼頭搭渡輪，體驗不同的交通工具。在海上可以看到雪梨歌劇院及其港灣的極致美景。有曼利海洋世界（Oceanworld Manly），了解本地海洋生態。可以在企鵝灣（Penguin Cove）看到曼利的小企鵝聚居地。曼利鎮藝術館與博物館（Manly Art Gallery and Museum）展示著曼利鎮（Manly）和雪梨北部海灘的歷史。

屈臣氏灣（Watsons Bay）

屈臣氏灣（Watsons Bay）是面對雪梨歌劇院跟跨海大橋一個美麗的海岸，有無敵海景和遠方的雪梨城市輪廓線。從環形碼頭搭渡輪半小時就可以到，比起邦迪海灘和曼利海灘，這裡的觀光客比較少，有很多私人的帆船在行駛。碼頭上就是著名的 Doyles on the Beach Restaurant。這家炸魚薯條（Fish and Chips）是來屈臣氏灣必吃的食物。澳洲人真的很愛坐在海邊吃薯條和烤魚啊！

德寶灣（Double Bay）

「Double Bay, Double Pay」，這裡是豪宅區，號稱雪梨的比佛利山莊。顧名思義，它是由 2 個海灣組成，分別是南太平洋海灣和雪梨內海海灣。德寶灣麗池酒店是城中知名的酒店，曾經下榻的名人包括黛安娜王妃、前美國總統比爾·柯林頓、麥當娜、艾爾頓強。這裡有眾多的精品時裝店和頂級奢華的珠寶店，是貴婦們血拼的天堂，也有氣氛獨特的小巷弄可以進去尋寶。運氣好的話可能會遇到喜歡的明星在這裡出現。

免費暢玩好所在

不必花錢也能玩

　　儘管澳洲的物價較高，但是免費的遊樂設施也不少，城市裡的公園或是公共設施，都可以看見澳洲人愛護孩子的心意。這些免費景點，不只可以當作備案，也可以替換行程，根據孩子的狀況調整，也很適合只想好好放鬆的一天，掌握旅費的爸媽可以稍微鬆一口氣，也不會影響到孩子玩樂的興致！

　　雪梨適合孩子的公園不少，大家都可以找時間帶孩子去玩玩喔！我以個人經驗，選取幾個交通方便的供大家參考，這次有帶著孩子去的，將會另外延伸介紹。

- 達令港兒童遊樂場（Darling Quarter Kids Playground）：就在達令港旁，可成為順遊地點。
- Domain Creek Playground：帕拉瑪塔公園（Paramatta Park）內的遊樂園。
- 雪梨百年紀念公園（Sydney's Centennial Parklands）：留意開放時間就能盡興。
- 冒險公園（Fairfield Adventure Park）：聽起來就很好玩吧！
- Prince Alfred Park Playground：就位在市區，很好抵達。
- Blaxland Riverside Park：近奧林匹克公園，可以玩水，有樹屋。

達令港兒童遊樂場
Darling Harbour Children's Playground

我們在參觀國家航海博物館（Maritime Museum）後，吃完午餐就來這邊玩耍。本來只是想來看個半小時就要閃人，但這裡實在是太好玩了。有好高的攀爬網，而且結構是用繩子所組成，看起來相當安全。還有大型和小型的盪鞦韆。

我們家小孩最愛的是玩水，這裡可以躺著玩水、互相合作取水，還有各種止水閥的控制器讓孩子觀察水流，好有創意。小超人和我借杯子不是要喝水，要試試把水瓶放到出水口看看會發生什麼事。孩子總有辦法可以一直玩。最後厲害的是爬繩索，訓練平衡感和肌力，小超人和小龍弟也玩了很久。

不愧是澳洲最好的遊樂場之一，2 個小男生簡直樂瘋了，足足玩了三個多小時。如果你來到雪梨達令港，一定要預留些時間讓孩子們體驗不一樣的遊樂場。

Info・達令港兒童遊樂場
Darling Harbour Children's Playground

🏠 Darling Quarter, 1–25 Harbour Street
🌐 https://darlingharbour.com/things-to-do/
darling-harbour-childrens-playground/

地圖　　網站

帕拉瑪塔公園Parramatta Park

　　帕拉瑪塔公園（Parramatta Park）原本不在我們安排的行程當中。但我在排定行程時總有備案，這是看當天孩子們的狀況以備不時之需。從塔龍加動物園結束之後本來要去附近的雪梨月亮公園（Luna Park），打了電話去確認，工作人員回答我，只有週五～週一開放。於是這個名列雪梨最棒的遊樂場之一就變成了我們的選擇。我們從帕拉馬打火車站走過去公園，依照官網和地圖上的指示，應該 15 分鐘內就會到。

　　但澳洲地大物博，我們的確在短時間內就看到了公園的門牌，但怎樣都走不到遊戲區！沿途經過了教堂、小河，大草原，旁邊有火車、腳踏車道、汽車道，烤肉區、野餐區，還有 140 種野生動物……這是一個公園有如森林的概念，最後我們走了大概 1.5 公里才抵達兒童遊戲區！

　　所幸遊戲場也沒讓我們失望。第一眼看到的是大型溜滑梯，小孩說從上面溜下來很過癮。然後，發現盪鞦韆下面全是沙。2 個小男生乾脆把鞋子脫下來玩耍。大型的旋轉盤下面也都是沙。小超人哥哥和小龍弟

躺在上面要我幫他們轉圈圈。我覺得最讓人驚豔的是挖土機，下面直接挖真正的沙，超級無敵酷的啦！

　　過了不久，小超人像發現新大陸一樣找我過去。這裡有個好大好長的盪泰山，最厲害的是下面也全部都是沙。光是來回一趟就花了很多力氣，小超人自己玩了幾回，充分消耗體力。總之玩到最後，小孩全身都是沙子，澳洲的孩子應該沒有觸覺敏感的問題吧！

　　不只有沙，遊戲場內居然有彈跳床，而且是非常堅固的那一種。裡面共有 4 個，家長可以和孩子們一起比賽看誰跳得比較高。這裡還可以玩水喔！雖然水不是很多，但可以玩水的公園真的很不錯。

Info • 帕拉瑪塔公園 Parramatta Park

🏠 Pitt St &, Macquarie St, Parramatta NSW 2150
📞 +61 2 9895 7500
🌐 https://www.parrapark.com.au/
🚌 1. 搭乘火車到 Parramatta 車站下車再步行，大約需要 20 分鐘。
　 2. 搭船 Rivercat 到 Paramatta 再走路，大約需要 20 分鐘。

地圖　　　網站

南岸公園 Southbank Park

　　如果帶小孩來到布里斯本，必去的景點絕對是這個南岸公園（Southbank Park）。它是 1988 年世界博覽會的會場，現在已經被州政府闢為昆士蘭文化特區。我在單身時曾在這裡參加澳洲國慶日的跑步，多年後的今天帶著 2 個孩子在這裡玩，感覺真的很奇妙。

　　首先映入眼簾的是摩天輪，公園裡有摩天輪真的很特別，小超人一直說要去搭，但看到票價時讓我卻步了。成人票價澳幣 21 元，小孩票價澳幣 14.5 元，大家可以自行衡量。

　　接下來看到的是超高的溜滑梯，小超人躍躍欲試。人很多，我很擔心他們 2 個人不見，要他們帶著手機上去。結果一溜下來，手機螢幕整個都裂掉（還好有保護貼），就知道力道有多強了。這一點要請家長注意。往後走，這裡居然有人工沙灘與游泳池！而且滿滿的都是人！2 個愛玩水的小男生簡直樂瘋了，馬上脫了衣服要下去玩。

　　由於要顧著他們 2 個和包包，所以我留在岸上拍照。告示牌上寫著「Keep your eyes on children.」雖然有救生員而且水並不深，但必須

不斷地盯著他們 2 個真的很挑戰。2 個孩子不時抓沙子起來互丟，不斷被我制止。小孩就是會有各種玩樂的方式。我們就這樣玩了 2 個小時。

　　這天是週末，我們剛好碰到了市集，很多手工藝品和小吃都在這裡、我匆匆地拍了幾張照片就帶他們回飯店休息。也因為這樣，我們跳過了本來既定的百年鬆餅店。唉！有時還是要看小孩當天的狀況而定。

Info・布里斯本南岸公園遊樂場
Southbank Riverside Green Playground

🏠 South Bank, Brisbane, Queensland 4101, Australia

📞 61-7-3156-6366

🚃 1. 搭渡輪 CityCat 前往，在南岸河濱公園 (South Bank) 站下即可
　　2. 從皇后街出發，穿過維多利亞橋即可看到美麗的河岸

地圖

The Wheel of Brisbane 摩天輪

🌐 https://thewheelofbrisbane.com.au/

🕐 開放時間為週一～週四11：00～21：30，週五、週六10：00AM～11：00PM，週日10：00AM～10：00PM。

💲 成人：澳幣 21 元／張，小孩：澳幣 14.5 元／張

摩天輪網站

假日市集

🏠 29 Stanley Street Plaza

🕐 週五5：00PM～9：00PM／週六 10：00am～9：00PM／週日9：00AM～4：00PM

雪梨百年紀念公園
Sydney's Centennial Parklands

這裡是有著濕地生態和 40 公頃綠地，是雪梨最大的公園。剛裝修好的兒童遊戲場從網站上看來也很令人興奮。於是我們就在去 The Grounds 之後來到百年紀念公園。如果在市區附近遊玩的朋友可以順便來這邊。

這天由 Bob 開車來到了雪梨伊恩波特兒童野趣樂園（Ian Potter Children's Wild Play Garden），注意公園很大，如果沒有交通工具，一定要在距離最近的入口下車，不然可能走上 1 小時都還沒到遊樂場！

進去的時候會先碰到一大片的竹林，感覺進入了世外桃源。然後我們看到的是非常特別的樹屋溜滑梯，2 個孩子等不及就脫下鞋子跑上去溜下來。再進去一點是個小型的玩水樂園。水柱不時會噴上來，還有很像是溫泉的噴霧，讓 2 個孩子在岩壁的中間看起來十分的神祕。

比較讓人驚喜的是有個小小的噴泉，再過去一點還有沙坑，但孩子

最愛的還是玩水。沒多久又跑回戲水區。百年公園的遊戲場比 Darling Quarter 和帕拉瑪塔公園（Parramatta Park）小，所以我們玩不到 2 個小時就決定要去吃點心了。

Info・雪梨百年紀念公園 Sydney's Centennial Parklands

🏠 Grand Dr, Centennial Park NSW 2021
🕙 每天 10：00AM ～ 5：00PM
🌐 https://www.centennialparklands.com.au/
📍 https://www.centennialparklands.com.au/visit/maps#/

地圖

網站

雪梨皇家植物園 Royal Botantic Garden

　　很多人去雪梨歌劇院，不曉得在旁邊有一個免費的絕佳遊樂地點：雪梨皇家植物園（Royal Botantic Garden）。占地30公頃的植物園，分為雪梨熱帶中心（Sydney Tropical Centre）、香草花園（Herb Garden）、雪梨蕨類植物園（Sydney Fernery）、棕櫚園（Palm Grove）、及國家植物標本館（National Herbarium），全年免費參觀。從雪梨歌劇院走過來只要10分鐘，一路串聯到市中心的商業區，整個花園走完至少需要一個多小時。

　　麥奎理夫人石椅（Mrs. Macquarie's Chair），這裡是觀賞雪梨歌劇院和港灣大橋視野最好的地方，所以也可以在這裡觀賞跨年煙火。是第5任總督麥奎理夫人最愛欣賞雪梨港的地方，隨著丈夫由英國遠渡重洋來到澳洲，都會在這看著英國來的船隻一解鄉愁。

　　不只是欣賞風景，其實帶一本書坐在樹下，或是躺在草地上無所事事，就能享受一天的美好時光。

Info・雪梨皇家植物園 Royal Botantic Garden

🏠 Mrs Macquaries Road, Sydney NSW 2000
🌐 https://www.rbgsyd.nsw.gov.au/
免費導覽活動
🕐 每天 10：30AM ～ 12：00PM，3月～ 11月只有
　　1：00PM ～ 2：00PM 導覽，國定假日休息。

地圖　　網站

雪梨歌劇院／雪梨大橋
Sydney Opera House／
Sydney Harbour Bridge

原來可以這樣玩

雪梨歌劇院（Sydney Opera House，SOH）想必大家都不陌生，設計者為丹麥設計師約恩·烏松（Jorn Utzon），從 1959 年開始興建，歷時 14 年於 1973 年正式落成。它不只是世界著名的表演藝術中心，也是 20 世紀最具特色的建築之一，2007 年 6 月 28 日這棟建築被聯合國教科文組織評為世界文化遺產，從落成到列入僅間隔 34 年，是少數 20 世紀落成建築物列入世界遺產的例子。

雪梨歌劇院坐落在雪梨港的佰利朗角（Bennelong Point），其特有的帆船造型，加上作為背景的雪梨港灣大橋，與周圍景物相映成趣。每天都有數以千計的遊客前來觀賞這座建築。

然而，除了拍照留念之外，雪梨歌劇院還有更多的玩法。你來到雪梨歌劇院，千萬不要只有拍照就回去了。有孩子的朋友們行前密切注意雪梨歌劇院的官網「Bring the kids」單元，會有很多適合小孩的活動可以參加。從不到 2 歲的小 Baby 到 14 歲以上的孩子，都有專屬的活動，不管是讓孩子聽音樂會看表演，還是嘗試以不同的角度欣賞世界文化遺產，甚至是攀爬雪梨大橋等等，都很適合帶著孩子一起體驗。

Info・雪梨歌劇院 Sydney Opera House

🏠 Bennelong Point, GPO Box 4274座落在雪梨市區北部的環形碼頭，Bennelong Point，Circular Quay，Sydney

📞 +61-2-9250-7111

🌐 https://www.sydneyoperahouse.com/

🕐 每日9：00AM～5：00PM

🚌 可搭巴士、火車或渡輪到環狀碼頭Circular Quey。
搭乘公共汽車或市區計程車，在歌劇院站下車。

地圖

網站

一定要參加的中文導覽

千里迢迢來到雪梨歌劇院，不要只有拍拍照就走了，帶著孩子參加中文導覽，好好瞭解這棟建築物，其實非常有趣。已經參加雪梨歌劇院的導覽 3 次的我，這次帶著孩子一起參加，反而聽得最為深入。這是 1 小時的中文導覽團。一般的導覽只有 30 分鐘，多出一倍的時間，導遊講得更加詳細。

參加導覽，須在報到地點集合，地點在雪梨歌劇院下方的迎賓中心，建議預留走路十分鐘左右的時間，尤其帶著孩子。我們這次也差一點點遲到，還好在最後一刻趕上了。報到完成後，導遊發給我們一人一副耳機，導覽人數一團大約有二十位，因此不會太多人，而且戴上耳機，就可以在行進的途中隨時聽到他的聲音。

中文導覽時段，早上下午各 2 場，強烈建議參加早上的團，會比較有機會拍到音樂廳或是歌劇院裡面的照片，因為下午時段多半有工作人員在排練，沒辦法拍照。終於，在我參加第 4 次導覽後，終於拍到了音樂廳裡面的照片。這裡有全世界上最大的管風琴，下方有聲音反射器，還有醫生和音樂家設計的人體工學座椅。

雪梨歌劇院並非白色？！

第一個讓人訝異的就是雪梨歌劇院其實並不是完全白色，而是米色和白色，只是在太陽的照映之下看起來是白色。而且由於它的獨特風帆造型和特殊的磁磚使得它並不需要人工的清洗，下雨天透過雨水就可以把外表的灰塵洗刷乾淨，是個相當厲害的設計。

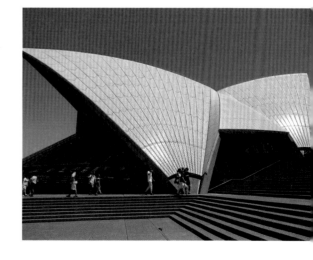

此外，歌劇院的玻璃帷幕很有巧思，夜晚時不易看到反射光，讓遊客可以更清楚看到外頭風景。加入黃金製作的反射玻璃讓外面的人看不到室內，但室內的人可以清楚看到戶外，很神奇的一種玻璃。

　　可惜的是表演廳內部都不能拍照，所以只有這些給大家欣賞。千萬別想偷偷地拍，因為只要被工作人員看到，就會把你相機裡的照片全部刪掉。

　　50 年代設計的歌劇院有許多相當前衛的設計，像是現在習以為常的清水模構造，在當時可是劃時代的概念。所謂「清水」，即是結構完成後就不再做表面處理，所以結構面就是表面。這種工法（清水模）每個細節都不能馬虎，清水混凝土一般都被視為技術的表徵，一般的建築

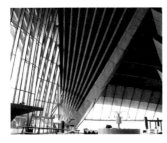

Info・雪梨歌劇院 60 分鐘內部中文解說之旅

- 🕐 每天 9：30AM、11：00PM、1：00PM、2：30PM（聖誕節與耶穌受難日不開放）建議線上預訂可以打 9 折。
- 🕐 行程時間：1 小時
- 💲 成人 42 元澳幣，兒童 22 元澳幣，家庭票 106 元澳幣（2 位大人 2 位小孩）、5 歲以下兒童免費。
- 🌐 https://www.sydneyoperahouse.com/visit-us/tours-and-experiences/the-sydney-opera-house-1-hour-mandarin-tour.html

※注意事項：
- ●15 歲以下兒童須有大人陪同。
- ●請穿適合走路的鞋子，過程中會經過大約兩百多階的階梯。
- ●若參觀途中遇音樂廳有演出時，將改變參觀路線。
- ●內部無法拍照或錄影，導覽過程中導遊會特別提醒。

業者很難做得到。

　　接著導遊帶我們來外面參觀。這時候可以拍到雪梨大橋在背後的絕佳風景。然後，我們發現，在雪梨歌劇院的階梯上，居然住著一隻海豹。澳洲人真的很可愛，因為這隻海豹常常在這邊的樓梯曬太陽，他們就乾脆把這裡用柵欄圍起來，給牠一個自由不被干擾的空間。看來連海豹都喜歡歌劇院呢！

其他可參考導覽行程

參加導覽順便享用美食（Tour and Tasting Plate）：每人80元澳幣，雖然價格不斐，但是有吃有玩可以考慮。
兒童探險導覽（Junior Adventure Tour）：適合家庭報名，不過只有在澳洲當地的學校假日（School Holiday）才開放，小孩可以嘗試戲劇內的各種造型，非常推薦。

以上的導覽行程，歌劇院都會幫你拍照，結束後挑選喜歡的照片才需要另外付費。因為我們不喜歡合成（在音樂廳內）的照片，所以就沒有購入，大家可以自行評估是否選購。

邊聽音樂邊看風景

　　導覽結束後強烈推薦大家一定要來聽音樂會或是看歌劇。2個表演一起購買還有打折，而且這才能欣賞到完整的雪梨歌劇院。

　　我們特別來到設計師烏特尚（Jorn Utzon）的紀念廳，拿到門票，竟然是沒有座位的號碼，太神奇了，進去才知道原來這個廳是自由入座的。裡面崇尚自然，邊聽音樂會還可以欣賞窗外的港灣風景，也太酷了吧！表演者直接從後方走出來，他就和你近在咫尺。看過這麼多的演出，沒有一個是可以讓你和台上的人近距離接觸，只有這裡，彷彿三五好友在自家的庭院內一起欣賞演出，非常讓人激賞。

　　後來我也請澳洲友人幫忙照顧孩子，自己觀賞了一齣歌劇的演出，享受和3000位朋友一起合唱的樂趣。這都要感謝Bob幫忙顧2個小男孩啊！

換個角度好好欣賞

你還可以在環形碼頭（Circular Quay）搭乘渡輪從港灣的另一邊欣賞白色貝殼建築物。環形碼頭總共有 5 個碼頭，每個碼頭都有不同的航線，可以事先看一下看板的公告，了解下一班渡輪出發的時間和目的地。這裡共有 8 個站 Cockatoo Island、Parramatta River、Neutral Bay、Mosman Bay、Taronga Zoo、Double Bay，個人覺得 Taronga Zoo 站，是欣賞雪梨歌劇院的好站點。

此外，從皇家植物園走過來，可以從歌劇院的背後看它的不同風貌，也是一種欣賞的角度。當然，你也可以看看晚上的雪梨歌劇院，從雪梨大橋的這一頭岩石區（The Rocks 岩石區）往雪梨歌劇院方向散步欣賞，夜晚的風景更為迷人。

在環形碼頭可以到達的幾個站點之間，其中塔龍加動物園和曼利海灘很適合帶小朋友前往。剛滿百年的塔龍加動物園有多達 350 種、超過 4,000 隻動物和超美的景色。走訪 Manly 不只有美麗的海灘，還有曼利海洋世界（Oceanworld Manly），可以了解本地海洋生態。可以在企鵝灣（Penguin Cove）看到曼利的小企鵝聚居地。可以將這些景點與欣賞雪梨歌劇院安排在同一天進行喔！

Info・渡輪航班資訊

🕐 環形碼頭出發，離峰時間約 40 分鐘 1 班，尖峰時間約 20 ～ 30 分鐘一班
週一～五：首班 05：30、末班 00：20
週六、日及假日：首班 06：20、末班 00：20

🌐 https://transportnsw.info/routes/ferry

※ 船班會不定期更新，出發一定要先上網確認航班。

爬雪梨大橋

相信你一定看過不少明星、名人，在成功攀登雪梨大橋後，開心地將自己的照片 po 上網跟大家分享的畫面。不過，小孩可以體驗嗎？答案是可以的。只要超過 8 歲而且身高超過 120 公分就可以報名，不過 8～15 歲的孩子，會需要大人陪同才能攀登。

爬雪梨大橋被美國 CNN 稱為一生中一定要做的 10 件事情之一，

目前已經發展成三種攀爬體驗：

初體驗（BridgeClimb Sampler）：爬「下拱形」半程，1.5小時。建議帶12歲以下小孩體驗這一種。

一般攀爬（BridgClimb）：爬「上拱型」攻頂全程，3.5小時

快速攀爬（BridgeClimb Express）：爬「下拱形」攻頂全程，2小時15分

爬雪梨大橋費用

		價格	時間
初級攀登	日間攀登	成人澳幣168元／兒童澳幣143元	1.5小時
一般攀登	日出	成人澳幣368元／兒童澳幣258元	3.5小時
	日間（中文團）	成人澳幣303元／兒童澳幣203元	
	日落攀登	成人澳幣388元／兒童澳幣278元	
	夜間攀登	成人澳幣263元／兒童澳幣183元	
快速攀登	日間攀登	成人澳幣303元／兒童澳幣203元	2.5小時

🌐 http://www.bridgeclimb.com/

🕐 **給爸媽的小提醒**

記得幫自己和孩子換上適合攀登的鞋子，比較建議跑鞋等運動鞋，在攀爬過程中比較安全。

網站

一定要帶著孩子登上世界上少數可以攀爬的鐵橋，一覽雪梨港灣和歌劇院的美景，是多麼美妙啊！要提醒大家注意，時間不同價格也會不同，爬雪梨大橋有日出、白天、日落和夜晚 4 個時段，最棒的時間是傍晚，可以同時欣賞白天與夜晚的風貌。記得一定要提前預約，因為熱門時段永遠都是滿檔的！

春季戶外大型表演與燈光秀

春天的時候（4～6月）雪梨歌劇院還有戶外的大型表演，它是位在皇家植物園的對面，搭起大型舞台，讓你在漂亮的夜晚欣賞歌劇，前年還上演經典歌劇《卡門》，邊看歌劇邊可以欣賞雪梨歌劇院的美麗以及海港風光。

5 月份，雪梨歌劇院有燈光秀，是名為繽紛雪梨燈光音樂節（Vivid Sydney）的大型晚間表演，完美地融合燈光、音樂和創意的雪梨年度活動，其中包含由精彩照明雕塑組成的戶外「藝廊」、前衛當代音樂計畫、某些全球最重要的創意產業論壇，當然還有雪梨歌劇院風帆造型的精采照明。

這個時候如果能預約到晚上攀爬雪梨大橋的時段，還能穿上閃光背心，讓自己變成為燈光秀的一部分。如果計畫在這個季節去雪梨的朋友，絕對要順便攀爬夜晚的雪梨大橋。

Info・雪梨燈光音樂節

📍 以雪梨歌劇院、雪梨大橋為主，其他區域每年是舉辦狀況配合。

🌐 https://www.vividsydney.com/

🕐 2019 年 5 月 24 日～ 6 月 15 日
　　燈光秀時間：活動期間每晚 6 點到午夜

網站

CHAPTER
4

大手拉小手
放膽探險去

孩子最愛的遊樂園行程，
各種好玩又能長知識的體驗，
還有衝浪、室內跳傘……別以為孩子辦不到！
澳洲可以讓你發現孩子的潛力無窮。

黃金海岸

室內跳傘 i Fly

完成孩子想飛的夢想

　　「跳傘」一直是我這個有懼高症的女生無法想像的活動，沒想到有天居然能夠實現，這是室內跳傘，i Fly。

　　室內跳傘是利用鼓風機製造的強風，也有人稱為垂直風洞（Vertical Wind Tunnel）是一種將氣流以垂直方式流動的風洞，支撐人的全身懸浮在空中，這個空中停留的時間比室外跳傘還長，因此會有很多要進行高空跳傘的朋友先來練習。對我們來說則是一個新奇有趣的活動。

　　澳洲黃金海岸 i Fly 位於電車站 Sufer's Paradise 旁邊，光走上 2 樓的階梯就很令人興奮。首先在電腦裡登入自己的資料，確認生日和安全等細項，然後先在旁邊等待。這裡還有娃娃機和按摩椅、冰淇淋讓大家休息。

🔵 給爸媽的小提醒

只要穿著運動服裝和運動鞋，現場會提供專業服裝，也請記得把身上的項鍊和耳環先拆下來喔！

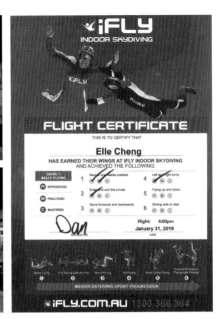

著裝準備飛行

教練先帶我們觀看安全影片，重點是要記得抬頭、雙腳伸直、放鬆等幾個手勢，才能在飛行途中與教練溝通。接下來是換上飛行裝，再戴上護目鏡、安全帽、耳塞。小超人選的是蝙蝠俠裝，小龍弟弟則是綠色的巨人裝。風洞中的風速很快，連體的設計可避免空氣通過衣服縫隙進入。

體驗共有 2 次，可以選擇飛上風洞的頂端，再飛下來！這項體驗是要由教練帶著，所以一點都不需要擔心。進去裡面只要把腳伸直，保持抬頭的姿勢看前方，教練會幫忙讓你飛起來。對了，風很大，記得嘴巴閉起來。感覺真的好神奇，我在天上飛！而且不用降落傘，2 個孩子下來之後都說還要再玩啊！

Info • iFLY Gold Coast

3084 Surfers Paradise Blvd, Surfers Paradise QLD 4217

+61-1300-366-364

https://downunder.iflyworld.com/goldcoast

電車站 Sufer's Paradise 旁，走路 5 分鐘即可抵達

地圖

網站

衝浪者天堂
Sufers Paradise
第一次衝浪就上手

　　我問他們澳洲旅遊最好玩的是哪個活動？7歲的小超人立刻回答：「衝浪！」他們從來沒有玩過衝浪，我也只在黃金海岸試過一次，而且2個小時後最多只能蹲在衝浪板上……但來到衝浪者天堂（Surfers Paradise）不衝浪要做什麼？再怎麼樣都要體驗看看。

　　教練Andrew開車來接我們，彩色繽紛的車子讓人非常期待等等的衝浪課程。車子到了海洋世界附近的Spit Beach，如果自己開車也是全天免停車費用。選擇在這裡衝浪的原因是這邊的海水環境相對安全。

　　我們跟著Andrew教練先換上學校的長袖泳衣，戴上帽子，準備2小的第一次衝浪。很不幸地，小龍弟弟在走去海邊的路上跌倒，膝蓋流血，難過得不想碰水。我只好請教練先教導小超人，我先陪弟弟坐在沙灘上。

厲害教練讓你第一次衝浪就上手

　　然後教練請小超人趴在衝浪板上就直接下水，超酷的。不用懷疑，我們沒有在岸上練習任何動作，在衝浪板上體驗最快。接下來的事，你絕對不會相信，大概15分鐘而已，我居然看到小超人「站」在衝浪板上了！而且他是自己「站」在衝浪板上的！

　　小龍弟弟在鼓勵下也去玩水了。

　　小超人於是一個人自己衝浪，我看到他一次又一次地站在衝浪板上，實在是太厲害了。教練拉著小龍弟和衝浪板下水，因為膝蓋受傷加上弟弟不會換氣，大部分的時間我看到弟弟是趴在衝浪板上的。然而20分鐘後，小龍弟弟竟然也「站」起來了！

　　我好奇地問Andrew，他是怎麼教小孩的？孩子們聽不太懂英文，教練又不會說中文，要如何指導？他說，他們可以看啊！原來這就是運動無國界哪！

🕐 給爸媽的小提醒

真心推薦Andrew Jeykll教練，他能夠在短時間讓我們站在衝浪板上，真的超強。基本上5歲以上可以嘗試，但要看孩子的能力，如果水性好的話4歲也行。不會游泳也可以衝浪的，每一位學員都有1根繩子和衝浪板綁在一起，所以非常安全，衝浪板在人就在。別忘了戴上墨鏡和防水防曬乳，穿上泳裝。

我也成功衝浪了

　　接下來輪到我自己，媽媽當然不能漏氣。教練告訴我幾個基本動作就下水。我要趁著浪前進的時候快速站立，第 1 次只能蹲在衝浪板上。但是第 2 次，媽媽也站起來一次！那時候突然好想給自己拍拍手啊！小超人和小龍弟還意猶未盡，一直要請教練拉他們的衝浪板，一個男人拉著 2 個衝浪板，看背影就覺得好帥啊！所以我又重新回到拍照的位子。

　　最後我們在路邊的水龍頭淋浴，旁邊還有飲水機可以喝水，真的很方便。套句教練 Andrew 說的話：「Just give it a go, life's better when you surf.」做就對了，從你開始衝浪，生命就會變得更美好。Fun, Safe, Easy, 這就是衝浪。

Info · Get Wet Surf School

Shop 22 Mariners Cove,Gold Coast,Queensland
+61-1800-438-938
0402-012-194（手機）
http://getwetsurf.com

地圖

網站

圖片提供／ Aquaduck Gold Coast

黃
金
海
岸

水陸兩用車 Aquaduck

兩兄弟搶著體驗的神奇交通工具

　　水陸兩用車（Aquaduck）的體驗大概是我們去澳洲前最期待的項目之一，光是看到把大大的鴨鴨船從路上開到海底，小男生們就喊：「我也要去坐！」

　　整趟行程約 1 小時，包括在濱海大道（Esplanade）的海濱戲水、狹頸（Narrowneck）滑浪海灘到斯皮特（Spit）、凡賽斯酒店（Palazzo Versace）、喜來登飯店（Sheraton）、海洋世界、納拉度假村（Nara）等，然後搭車直達壯麗的寬水（Broadwater）、迷拉吉碼頭（Marina Mirage）、澳洲市集（Australia Fair）、水手灣（Mariners Cove）、遊艇俱樂部（The Yacht club），再到橋下看看千萬富翁的豪宅和運河。水陸兩棲大水鴨觀光車，等於是無縫接軌陸路到水路的特殊體驗。

小孩一日船長體驗

我們先到了水陸兩用車的公司集合，工作人員熱心地給了我們 2 頂小船長的帽子當紀念，還有哨子和鴨子娃娃可以選購。車上還有 1 位導遊小姐，開船時就介紹沿路的風光。

不要以為只是看風景而已。接下來她開始詢問每個小孩的名字並做紀錄。接著依序請每個孩子到前面來開船，體驗開船的樂趣。

這裡有段插曲。由於位子都是一邊 2 個，我們只有 3 個人，所以我跟小超人說，我先跟弟弟坐，等到下水之後，媽媽再跟你坐。我們家的規則都是願意等待的人可以享有比較久的福利。但是還沒有等到下水，小超人旁邊的位子已經被另外一個媽媽坐走！當時不好意思請她起來，我說要買支冰淇淋補償小超人，但他聽不進去，覺得媽媽都只顧弟弟。

小超人不只生氣，連有趣的開船都不想嘗試。導遊小姐不勉強他，還是給了他一張手寫的證書。我只能說，一打二或二打三打四都一樣，有時真的很難為，「You never win」家長需要更有智慧。話說回來，1 小時內非常平穩，還有家長帶著小嬰兒一起來玩，水陸兩用車很適合全家大小一起享樂。

Info・水陸兩用車 Aquaduck Safaris Gold Coast

36 Cavill Ave,Surfers Paradise QLD,4217
+61-7-5539-0222
https://www.aquaduck.com.au

地圖　　網站

圖片提供／ Aquaduck Gold Coast

圖片提供／Balloon Aloft

雪梨 **熱氣球體驗 Hot Air Ballon**

▼▼▼▼▼▼▼▼▼▼▼
和孩子在新的一年飛上天
▲▲▲▲▲▲▲▲

　　多年前我在澳洲的凱恩斯搭熱氣球，一直很難忘那個在平地上緩緩上升的經驗。

　　這次來到獵人谷，特地選擇農曆大年初一搭乘熱氣球。很幸運當天天公作美，所以我們便在清晨的 04：25AM 在飯店門口等著車子來接。你沒看錯，是凌晨 04：25AM 集合，所以我們 4 點就起床了。前一天很早就睡覺，並且把望遠鏡和禦寒的衣物都準備好。

　　到了接待處，會先告訴大家相關的安全知識，並且用 ipad 登入讓每個客人再次了解並且同意安全須知，小孩就由媽媽負責登入。寫完之後工作人員進行分組，每個人會被分配到不同顏色的車子。在這個等待

的期間有餅乾、熱茶、咖啡和熱可可，對於一早就起床的我們可以喝到熱的飲料真的是很棒的享受。

空中美景讓新的一年更有意義

好不容易熱氣球膨脹到一定的程度，教練請我們爬進籃子裡。工作人員很貼心地提供一個軟墊給小龍弟弟，讓他可以看到外面的景色。

天黑黑，但是大家的臉都因為熱氣球火焰而照得發亮，每個人都很期待接下來的旅程。熱氣球緩緩上升，有懼高症的我居然開始有點腳軟。平時膽子大的2個孩子也是如此，竟然坐在籃子裡面。喂喂喂，我提醒他們，拿出望遠鏡，看看遠方，不要看下面，就不會那麼害怕了。

看到其他的熱氣球也在遠方，感覺真的很奇妙。風景如畫的田野還有漸漸升起的日出，新年的第一天，我們就在升空，象徵著新的一年會蒸蒸日上啊！這個經驗和搭飛機不同，我們感受到緩緩的微風和真實的美景，強烈推薦大家一定要來玩啊！

大約在空中45分鐘我們就緩緩降落，這時候2個小孩說非常想要尿尿，起初我要他們2個忍耐，但小孩的耐力有限，一直說沒辦法再等了。我只好拿出隨身的法寶塑膠袋，讓他們兩個把尿尿在裡面，再打包

🕐 給爸媽的小提醒

澳洲樂浮熱氣球公司（Balloon Aloft）有35年以上的歷史，在澳洲多個地點都可以搭乘熱氣球。基本上小孩120公分以上可以搭乘熱氣球，這是由於高度不夠的話會看不到外面，籃子大概就有100公分。一定要先預約。前一天下午看天候狀況才能確定隔天是否可以飛。

起來。等到快要到地面，教練提醒我們務必緊捉著繩子，雙腳採取慢蹲的姿勢，才不會受傷。

同心協力收攏熱氣球

大家再度爬出熱氣球之後，下一個問題就是收熱氣球了。之前收的方式是徵求大人互相翻滾，一起幫忙收起熱氣球。這一次則是要現場的小孩，幫忙在氣球上面滾動，以確保氣球的表面是平的，最後再分成左右2邊，大家互相幫忙把熱氣球摺起來。這種互助合作的感覺真的很讚啊！

結束之後可以選擇在這邊的集合點吃早餐或回飯店吃早餐。如果沒有要急著去別的地方，倒是可以慢慢吃。我們本來是要請司機戴我們去動物園，但是動物園9點才開門，我們結束時間不過8點，等於要在門口等很久。所以司機建議我們先回飯店吃早餐。

能夠在新年期間搭乘熱氣球，真的是今年非常美好的一件事。去澳洲的朋友別忘了要嘗試這個難得的體驗。

Info・樂浮熱氣球公司 Balloon Aloft

🌐 http://www.balloonaloft.com/

💲 **成人**：票價澳幣 289 元／人，**7～12 歲小孩**：票價澳幣 235 元／人。
不含早餐可以省下澳幣 20 元

網站

噴射氣艇 Jet Boating

小男孩最愛水上甩尾

　　來黃金海岸，絕對不能錯過的活動是噴射氣艇（Jet Boating）！這是非常適合全家大小一起同樂的水上娛樂。抵達港口的集合點，工作人員要我們把所有的包包都放進箱子裡，因為等等的刺激可能會把相機和手機摔壞。建議戴太陽眼鏡、穿上泳衣，全身衣服都會濕。正因如此，我們的活動照片是由工作人員幫忙拍攝的。

🌀 **給爸媽的小提醒**

　　一定要先預約喔！另外4歲以下幼兒不適合參加此項活動。這個活動可以和室內跳傘（P.136）或其他活動一起購買，能享有優惠。

無敵刺激的速度感

教練要求大人坐兩邊,小孩坐中間。後來我才知道為什麼,旁邊的速度快,旋轉的角度大,大人的耐受力高。4百多匹馬力引擎,時速80公里。極速在水中滑行,轉彎,擺尾,360度旋轉,超級無敵刺激!

震撼的極速爆發力讓小男生們一直說好好玩啊!我則是心臟都快要跳出來了。所幸教練每玩一段就會讓我們休息片刻,順便欣賞黃金海岸的美麗風光。

整個行程大約 55 分鐘:

從黃金海岸大碼頭(Mariners Cove)出發 → 海洋世界(SeaWorld)→ 環繞小沙島 - 斷浪島(Wavebreak Isand)→ 富人豪宅 - 帝王島(Sovereign Island)→ 紅樹林渠道(Mangrove Channels)→ Brown Island → 澳洲第 3 大沙島 - 南斯德布魯克島(South Stradbroke Island)→ 途經凡賽斯六星級皇宮酒店(Palazzo Versace)→ 返回

Info • 噴射氣艇體驗 Paradise Jet Boating

Shop 7B,Mariners,Cove Marina,60Seaworld Drive Main Beach Queensland,4217

+61-7-5526-3089

paradisejetboating.com.au

每天 9:00AM ~ 4:00PM,請在體驗之前的 30 分鐘抵達。

地圖　　網站

消防車體驗 Fire Truck Tours

搭消防車逛大街

　　如果不是到黃金海岸，一般人大概不可能搭乘消防車逛大街。這是澳洲退役的消防車（Fire 4 Truck）用來做觀光導覽，同時推廣消防知識。我們在黃金海岸大碼頭結束噴射氣艇體驗行程後，就看到門外有一台消防車。人生幾時會有消防車來接送呢？2個小男孩興奮得馬上跑過去。

　　車上最多10個人，今天則只有我們3位。高大的工作人員給2個孩子們消防帽，開始放上救火的音樂。我們就這樣跟著消防車在黃金海岸上，從車上眺望美麗的海岸線，突然覺得自己好神氣啊！不想聽救火

的音樂沒關係，他馬上換成搖滾樂讓我們更 High 一點。

一日小小消防員體驗

　　車子開到了一個大公園停下來，工作人員教我們認識車上的設備，並且學習操控消防水喉，讓旅途中增添新鮮感。小超人和小龍弟弟輪流進行噴水體驗，怎樣都不想停下來。我們還要求讓孩子們坐在駕駛座上，超酷的吧！更棒的是最後可以告訴工作人員要在哪邊下車，市區內都可以配合喔！

　　活動大約 1 小時就結束了，人數多的話還可以辦趴。你也可以要求機場、飯店、主題樂園之間的接送、校外教學，甚至婚禮、音樂會或特殊節慶都能安排，非常有創意。

Info・消防車體驗Fire 4 Hire

　+61-048-888-3473
　http://fire4hire.com.au/
　成人：票價澳幣 49 元／人，**兒童**：票價澳幣 35 元／人
　10：00AM、11：30AM、1：00PM、2：30PM、4：00PM

網站

澳洲遊樂園

好玩得不可思議

　　帶孩子出國旅行，安排遊樂園行程是一定要的，一整天都待在樂園裡盡情玩樂，其實就能帶給孩子很多歡樂，換個角度看看，爸爸媽媽也可以有一天少花點行程的腦筋，不必趕時間，也可以放鬆心情跟孩子瘋玩一整天呢！

夢幻世界Dream World

澳洲最大的主題樂園夢幻世界（Dream World），是帶小孩去黃金海岸必去的景點之一。這裡有最高最快的雲霄飛車，像是奪魂鋸（BuzzSaw），南半球最高的翻滾軌道體驗；驚懼之塔二代（Tower of Terror II），全世界最快的雲霄飛車；大墜落（Giant Drop）的 38 層樓自由落體；還有大魔掌（The Claw），光看就讓人心臟蹦蹦跳。

我們最先看到的是一間糖果屋的商店 CANDY NUT & FUDGE，裡面全部都是各式各樣的糖果。小孩子第一次看到那麼多的糖果，笑到合不攏嘴啊！接著在 Dream Works Experience 的功夫熊貓世界裡玩了碰碰車。

白老虎讓人大開眼界

我們在老虎島上看到了白色的孟加拉老虎，小龍弟弟一直說是斑馬！哈哈哈。這就知道白色的老虎有多麼稀奇了。這裡還可以預約餵老虎的體驗。旁邊還有袋鼠、無尾熊和可怕的鱷魚……更有澳洲土著的影片，不論是想要欣賞動物，或是想要

🌱 適合孩子的遊樂設施推薦

- The Bigg Thrill Rides：這一區是各種刺激的設施，建議至少 15 歲以上。
- DreamWorks Experience：這裡可以遇到各種電影裡的英雄。
- White Water World：就是各種玩水的器材，一定要帶泳裝來。
- Dream World Corroboree：參觀澳洲的野生動物，還可以跟無尾熊拍照。
- ABC Kids World：給小小孩遊樂的區域。
- Wiggles World 跟 Wiggly Friends：一起唱歌跳舞的地方。
- Trolls Village：精靈部落，和卡通人物互動的體驗。
- Tiger World：老虎島：這裡可以看到專業馴虎人馴服漂亮的老虎。

了解原住民文化,這裡通通都有。

到了中午,園區內有很多餐廳,通常遊玩都是吃簡單的輕食,但我最推薦的是 Billabong Buffet Restaurant,裡面是吃到飽的自助餐,外面還有漂亮的河邊景色。而且就在 ABC Kids World 的後面,相當方便。小孩最愛的是冰淇淋吃到飽,居然有甜筒和冰淇淋機讓孩子自己操作,小超人總共吃了 3 隻冰淇淋,小龍弟弟吃了 5 隻冰淇淋!

🔵 給爸媽的小提醒

很多遊樂設施都有身高限制,出發前有時間的話,可先上網查詢,另外也很建議先下載園區地圖,還有中文版的喔!

📞 +61-7-5588-1111(請於營業時間內撥打)

🌐 園區地圖下載網址:https://www.dreamworld.com.au/getting-here#downloadparkmap
預約餵老虎的體驗。可以先寫信或是電話預約。

e tigerexperiences@dreamworld.com.au

園區地圖

　　最後我們玩的是 ABC Kids world 裡的小型大怒神（Hop and Hoot），不高而且很慢，2 個孩子直說太簡單了！出口處有樂高商店，這裡也是澳洲最大的樂高商店，有很多厲害的模型。還有很多小積木讓孩子自己動手操作。2 個孩子在這邊也玩了一會。最後因為要趕去搭 Aquaduck，我們依依不捨地離開了 Dream World。這真是個老少咸宜的好地方啊！

Info・夢幻世界 Dream World

🏠 Dreamworld Parkway, Coomera, Queensland 4209
📞 +61-7-5588-1111
🌐 http://www.dreamworld.com.au/
🕐 每天 10：00AM ～ 17：00PM
💲 **成人**：票價澳幣 105 元／人，**小孩**：票價澳幣 95 元／人。
🚌 搭乘輕軌電車到 Helensvale Station，再轉搭公車 TX7 到 Dream World（公車車程大約 15 分鐘）

地圖

網站

海洋世界 Sea world

澳洲的海洋世界 Sea World 是我很推薦家長帶孩子去的地方。這裡不但有各種海洋動物：海豚、海獅、海豹、北極熊等等，可以跟牠們近距離接觸之外，還有許多奇妙的體驗。

鐵道迷、樂高迷也玩得不亦樂乎

但對於喜歡各種新奇事物的小男生來說，第一個重點就是要搭乘 Sea World Monorail。這也是全澳洲唯一的主題樂園輕軌，喜歡火車的弟弟更是走到哪裡都要看到哪裡。

兩個喜歡玩樂的小朋友在電車上看完樂園一圈之後決定要先玩遊樂設施。幾乎每一種都有身高限制，弟弟不夠高，我只能跟他在外面等。小超人搭了 Jet Rescure，一直說非常好玩。接著我們還玩了趴在遊樂設施上的一種遊戲，為了方便，我先把鞋子脫在地上，2 兄弟呵呵笑。

然後我們還玩了小型的海盜船，小男生覺得挺有趣。這裡不定時還有各種卡通人物出來和大家拍照，我們遇到的是 Dora 和 Boots。樂園裡也可以玩水喔！記得要帶泳衣來。

海洋動物一次飽覽

接著很推薦的是這個 Shark Bay Glass Bottom Boat，就是乘坐玻璃底船看各種海洋動物，上面還有導遊會解說。在船上看完鯊魚之後，還可以走到觀賞的海底去看各種動物，從不同的角度觀看魚群，也讓孩子們更加了解動物的全貌。

一旁還有我看過最大的戶外觸摸池，可以一路摸到底。除了不能移

動動物之外，各種的海洋生物配上藍天白雲，真的很有意思。其實這裡還有很多值得一看的秀，例如：海豚表演（Imagine Dolphin Show）、海獅偵探秀（Fish Detectives Sea Lion Show）和水上摩托車表演。因為時間關係沒有特別安排。喜歡看表演的家長可以先查時間到這邊再玩其他的喔！

中午我們去商店街吃飯，小超人一直看旁邊的遊戲。由於要另外付費，我不是很想玩。他來來回回走動了幾次，我說，好吧！只能玩一樣。但是你要會玩。他立刻選了一個只要噴水射魚的遊戲，而且 2 人對戰看誰噴的高就獲勝，對手就找 5 歲的弟弟。想當然爾，小超人贏了，獎品居然是海豚娃娃，我才花了 12 元澳幣，比去商店買便宜許多。小超人靠智慧得到了紀念品，真的很厲害。

意外遇上森林大火

從海洋世界離開時，發現前方煙霧瀰漫，走到公車站牌有一堆人站在那裡，還有消防車、救護車和警車。這也是我在澳洲首次同時看到這

3 種車子。我問路人發生什麼事？對方回答：「森林大火。」對面有消防員正在滅火。我以為公車只是會晚到，就這樣跟著一群人坐了半個小時，我開始覺得不大對勁。

我問警察，他說：「現在封路不會有任何車進出！」我大吃一驚：「那怎麼辦呢？我們需要回到飯店。」他跟我說：「你們必須穿過馬路，越過森林，走另一頭的沙灘路，繞過整個火災區域，再到馬路上叫計程車！」

我的天啊！看起來只能照著他的話做。到森林的時候，我跟另一位警察確認這樣的路線，他還很熱心地跟 2 個孩子拍照。35 度的高溫走在沙灘上真的很難，我們於是脫下鞋子赤腳踩在沙灘上，沒想到 2 個小孩第一次走在黃金海岸的沙上是因為失火啊！

還好孩子的體力足夠，大約走了 2 公里的海灘路，我找了一條道路往上走，已經越過了火災，再走到大馬路上叫車，最後終於抵達飯店。不過澳洲計程車路邊攔車的機會不高，請事先記得當地的叫車電話或是在手機上設定 Uber。

Info・海洋世界 Sea World

Seaworld Dr, Main Beach QLD 4217
+61-13-33-86
https://seaworld.com.au/
$ 成人：票價澳幣 79 元／人，小孩：票價澳幣 69 元／人。

地圖　　　網站

澳洲其他樂園推薦

澳洲的遊樂園不只在黃金海岸，現在就來看看還有哪些好玩的地方。

黃金海岸樂園推薦

電影世界 Movie World

- Pacific Motorway, Gold Coast, Queensland 4210
- https://movieworld.com.au/
- 成人：票價澳幣 89 元／人，小孩：票價澳幣 79 元／人

狂野水世界 Wet'n'Wild

- Pacific Motorway, Oxenford Gold Coast,Queensland 4210
- https://wetnwild.com.au/
- 成人：票價澳幣 74 元／人，小孩：票價澳幣 69 元／人

激流世界 WhiteWater World

- Dreamworld Parkway, Coomera QLD
- https://www.dreamworld.com.au/whitewater-world

以上門票可以買網路套票會比較優惠。

新南威爾斯樂園推薦

雪梨月神公園 Luna Park

- 1 Olympic Drive, Milsons Point NSW, 2061
- https://www.lunaparksydney.com/

樹頂探險公園 Treetop Adventure Park

- Cumberland State Forest, 95 Castle Hill Rd, West Pennant Hills NSW 2125
- https://www.treetops.com.au/

雪梨水上狂歡遊樂園 Wet'n' Wild Sydney

- 427 Reservoir Road, Prospect, NSW 2148
- https://wetnwildsydney.com.au/
- 成人：票價澳幣 69.99 元／人，小孩：票價澳幣 59.99 元／人。
- 園區地圖：https://wetnwildsydney.com.au/things-to-do/park-map

曼麗海灘的衝浪公園 Manly Surf n Slide

- Commonwealth Parade, Manly NSW 2095
- http://manlysurfnslide.com.au/
- 小孩：票價澳幣 17 元（1 小時）

動感公園 Jamberoo Action Park Jamberoo

- 1215 Jamberoo Road, Jamberoo NSW 2533
- https://www.jamberoo.net/
- 成人：票價澳幣 59.99 元／人，小孩：票價澳幣 49.99 元／人。
- 園區地圖：https://www.jamberoo.net/index.php/visitor-info/park-map

魔幻山丘 Magic Mountain

- 134 Sapphire Coast Drive, Merimbula NSW
- https://magicmountain.net.au/
- 成人：澳幣 45 元／人，5～12 歲小孩：票價澳幣 38 元／人。

維多利亞地區樂園推薦

冒險公園 Adventure Park

- 1249 Bellarine Hwy, Wallington Geelong VIC 3222
- https://www.adventurepark.com.au/
- 120CM 以上：票價澳幣 44.5 元／人，，90～120CM：票價澳幣 34.5 元／人。
- 園區地圖：https://www.adventurepark.com.au/park-info/park-map/

墨爾本月神公園 Luna Park

- 18Lower Esplanade, St Kilda VIC 3182
- https://lunapark.com.au/

給爸媽的小提醒

澳洲多數的門票都是 4 歲以上就算小孩票價，3 歲以下免費。

澳洲博物館大賞

雪梨

帶著孩子邊玩邊長知識

　　澳洲的博物館對於稍大一點的孩子來說，是個很不錯的行程。在澳洲親子行中，除了熱鬧的遊樂園，稍微靜態一點博物館也是很有趣，讓孩子可以發揮好奇心的好去處。

澳洲國家航海博物館
Australian National Maritime Museum

　　位在達令港邊的澳洲航海博物館一直沒有機會去，這回剛好看到網站上有中文導覽 30 分鐘，為了給 2 個孩子長知識，就立刻報名了。航海博物館外觀非常美麗，門口還停了幾艘船，這種可以實際體驗的博物館真的很棒。櫃檯報到之後，工作人員給我們戴上橘色手環，有手環的朋友在商店內買東西有 9 折優惠。

　　由於沒有語言的隔閡，孩子們聽導覽還挺認真的，這才知道澳洲有位 First lady 第 1 位女性搭船航行世界。這裡還可以探尋前人乘船前往澳洲之歷程。另外也有電影鐵達尼號的場景展覽，還有 3D 電影可以觀賞。

　　我個人覺得最特別的是可以看軍艦和潛水艇。登上海軍潛艇及 18 世紀高桅帆船複製品感覺超酷。因為船艙很窄，上船前需要先把自己的包包放在寄物櫃。可惜 2 個小男生對於登船興趣缺缺。

Info・澳洲國家航海博物館
Australian National Maritime Museum

Darling Harbour (the Pyrmont side) at 2 Murray St, Sydney.

+61 2 9298 3777

https://www.sea.museum/

9：30AM ～ 5：00PM

1. 從 Town Hall 火車站下車之後走路大約 20 分鐘可以抵達。
2. 不想走太久的路可以在環形碼頭 Circular Quay 搭乘渡輪 F4 到 Pyrmont Bay Wharf，可以直達博物館的前面。

地圖

網站

鐵路博物館 The Workshops Rail Museum

　　我們家的 2 個小男生是鐵道迷，因此我會去蒐集各種火車相關的旅遊資訊帶他們去嘗試。鐵路博物館（The Workshops Rail Museum）是耗資 2,000 萬澳元所打造的完全互動式文化遺產和文化實境體驗，位於目前仍在營運的澳洲最古老鐵路維修廠中。可實際操作的展覽和多媒體體驗將鐵路帶入現實生活中，提供現代化的展示、火車模擬設備、可乘坐的真實火車、尼波斯鐵路（Nippers Railway）兒童區，以及昆士蘭（Queensland）最大的鐵路模型。

　　但裡面才更讓人驚艷。好多真實退役的火車，還有介紹影片。最難能可貴的是幾乎都可以上去乘坐。我個人最喜歡的是可以坐上駕駛座完全感受當司機的這個區域，就連螢幕上還有現在的火車時速和街景，實在是太有趣。我們還可以直接坐在車廂的椅子上，感受以前火車的樣子。小孩還可以換上列車長的服裝，過過當火車工作人員的癮。

小鐵道迷的天堂

　　要特別介紹尼波斯鐵路（Nippers Railway ）兒童區，不但有各種火車的繪本書籍，還有整個小鐵軌和售票亭。我們就看到媽媽推著小火車在鐵軌上面前進，看起來超級歡樂。你也可以隨時換上工作人員的背

心。這裡居然還有售票機,還可以 2 個人用對講機通話,實在是好厲害。

　　另一個很值得推薦的是這邊的鐵路模型,超大的場景讓 2 個孩子看得目不轉睛。這裡的模型和之前看到的不太一樣,旁邊還會問你一些相關的題目,請你找一下服務的火車站名稱?還有這裡有多少輛車呢?讓孩子仔細地去觀察。同時要他們去思考,開車去上學比較快還是搭火車呢?

　　如果你們家的小孩愛車子、愛機械,真心推薦這個鐵路博物館,孩子絕對會喜歡。

Info・鐵路博物館 The Workshops Rail Museum

🏠 North St, North Ipswich QLD 4305

📞 +61-7-3432-5100

🌐 https://theworkshops.qm.qld.gov.au/

🕘 9:30AM ～ 4:00PM

💲 成人:票價澳幣 14.5 元/人,3 ～ 15 歲小孩:票價澳幣 11.5 元/人,3 歲以下免費。另外有年票的優惠,可以在 12 個月內不限次數進出,就知道這裡有多受家長歡迎了。

🚌 搭火車到 Ipswich 站再搭公車 515,大約 15 分鐘。

地圖

網站

動力博物館Powerhouse Museum

　　如果你問我雪梨的博物館最推薦哪一個，我會毫不猶豫地說：「動力博物館 Powerhouse Museum ！」不同於雪梨博物館的深奧、新南威爾斯美術館的典雅，動力博物館有的是大器的裝潢與漂亮的空間。寬敞的空間含有 22 個固定展示區以及 5 個臨時展示區。除了先進科學技術的展示外，創造性、流行文化以及裝飾藝術也都是展示的一環，使得這座博物館成為一座趣味與多元的展示空間！

　　不只如此，就連當地朋友 Bob 也強力推薦這個地方，當我問他下雨應該帶小孩去哪裡？他立刻回答：「Powerhouse Museum!」他說，這裡有很多會動的東西，連大人都會覺得很新奇有趣。

　　1988 年成立，內有 3D 電影院，也有互動式的電腦，宗旨是在探討人類的創意，讓這些在新南威爾斯洲的事物，能夠引領人們開創未來嶄新的面貌。

　　終於到了博物館內部，光是這個蒸汽火車我們就玩了很久。火車很逼真，還有工作人員在上面，可以觀看蒸汽引擎運轉情況。然後我們到了小孩專屬的 Playground，整個設計讓孩子們有獨立的空間，超棒。這裡的沙好乾淨，還提供各種工具讓孩子們盡情地玩耍。有木製的玩具可以供大家使用。還可以自由剪貼創作，也有扮家家酒的遊戲角落。有個檢水果的動畫遊戲我們就玩了半個多小時，另一個麻麻和小孩也玩得不亦樂乎，完全不想回家。

Info・動力博物館 Powerhouse Museum

🏠 500 Harris St, Ultimo NSW
📞 +61-2-9217-0111
🌐 https://maas.museum/powerhouse-museum/
🕙 每天 10：00AM ～ 5：00PM，聖誕節休館。
💲 成人：票價澳幣 15 元／張，16 歲以下的小孩半票，4 歲以下免費。
🚌 1. 搭乘電車在 Powerhouse Museum 站下車。
　　2. 搭乘 Sydney Explorer 巴士在 Powerhouse Museum 站下車。
　　3. 501 巴士可以直達博物館。

地圖

網站

雪梨天文館Sydney Observatory

　　之前在雪梨讀書，自己卻從來沒有去過雪梨天文館（Sydney Observatory）。這次為了讓孩子們在玩樂中也可以學習到一些知識，特地選了天文館的夜間行程，希望有機會可以看到南半球才能見到的星空。

　　天文館從 The Rocks 岩石區這邊走路過去大約 15 分鐘，而且有非常多的階梯，帶孩子的家長請預留多一些交通時間。這一天很不幸地在下雨。我很好奇這個行程是否會如期舉行，於是打電話去確認，天文館告訴我，活動是在室內的，因此沒有影響。

　　這一場只有我們和一位年輕的女學生，我們簡直就是 VIP 啊！首先我們進入的是一個有著超酷大天幕的小廳，大家可以半躺著在沙發上觀看，還蠻舒服的。工作人員先解說南半球可以見到的星星和觀測的方式。

老實說，本身對於天文知識就有限的我，再把這些語言轉換成中文難度很高，所以我只能盡可能就我理解的部分翻譯給 2 個孩子聽。

參觀大型超長與超寬望遠鏡時，可以輪流上去觀看目前的星象。工作人員特別交代不要去碰望遠鏡，只要用一隻眼睛去看就可以了。孩子們第 1 次看到這麼大的望遠鏡都很興奮，工作人員會移動上方圓形的屋頂和窗戶，看起來真的好酷啊！

如果大家來到岩石區，不只看雪梨大橋、吃美食逛市集，別忘了也來天文館看看喔！

Info • 雪梨天文館 Sydney Observatory

1003 Upper Fort St, Millers Point NSW 2000
+61-2-9217-0111
https://maas.museum/sydney-observatory/

地圖　　　網站

澳洲其他博物館推薦

澳洲博物館五花八門,很有看頭,推薦其他值得一訪的地點給大家。

雪梨地區推薦

澳洲博物館 Australia Museum

🏠 1 William St, Sydney NSW 2010
🌐 https://australianmuseum.net.au/

昆士蘭海事博物館

🏠 412 Stanley St, South Brisbane QLD 4101
📞 +61-7-3844-5361
🌐 http://www.maritimemuseum.com.au

司法與警察博物館 Justice & Police Museum

🏠 Corner Albert and Phillip Streets, Circular Quay, Sydney, NSW 200
🌐 https://sydneylivingmuseums.com.au/justice-police-museum

雪梨公車博物館 Sydney Bus Museum

🏠 25 Derbyshire Rd, Leichhardt
🌐 https://www.sydneybusmuseum.info/

墨爾本地區推薦

墨爾本博物館

🏠 11 Nicholson St, Carlton VIC 3053
🌐 museumsvictoria.com.au

戰爭紀念館 Shrine of Remembrance

🏠 St. Kilda Road, Melbourne, Victoria 3001
🌐 https://www.shrine.org.au/Home

國家體育博物館 National Sports Museum

Brunton Ave, Jolimont | Melbourne Cricket Club, Melbourne, Victoria 8002

https://www.shrine.org.au/Home

舊財政部市立博物館 Old Treasury Building

20 Spring St, Melbourne, Victoria 3000

https://www.oldtreasurybuilding.org.au/

布里斯本地區推薦

昆士蘭博物館 Queensland Museum

Grey St & Melbourne Street, South Brisbane QLD 4101

http://www.qm.qld.gov.au/

布里斯本電車博物館 Brisbane Tramway Museum

20 Tramway St, Brisbane, Queensland 4055

http://www.brisbanetramwaymuseum.org/

澳洲寶石博物館 Opal Museum

196 Albion Rd | Windsor, Brisbane, Queensland 4030

http://www.brisbaneopalmuseum.com.au/

Art 現代藝術館 Gallery of Modern

Stanley Place | Cultural Precinct, South Brisbane, Brisbane, Queensland 4101

http://qagoma.qld.gov.au/

CHAPTER

5

用力玩耍也要
好好品嘗美食

帶著小孩出門，除了用力玩，
當然還得準備好能讓孩子胃口大開的口袋名單。
餐廳、點心、冰淇淋⋯⋯都幫你準備好了！

在澳洲這樣吃

大人小孩都開心

　　我很喜歡澳洲,但去了這麼多次,待了這麼久,還是不習慣他們的飲食。多數澳洲人的早餐是玉米脆片加牛奶或吐司夾果醬。如果不喜歡這樣的組合可以自己去超市買冷凍食品,像是水餃或是義大利麵再來加熱。

　　澳洲不時興早餐店,餐點也貴,1 個三明治大約要價澳幣 8 元～ 15 元不等,約莫新台幣 170 元～ 330 元,因此住宿一定要選有早餐的飯店。至於中餐和晚餐,多數是漢堡、炸雞、Pizza、壽司。這些同時也是孩子的最愛,所以吃在澳洲,簡直就是孩子的天堂。

　　通常一餐依個人不同,價格大約會落在澳幣 15 元～ 25 元,新台幣 330 元～ 550 元左右。如果去餐廳用餐,價格大約會是這個的 2 ～ 3 倍。台灣有名的手搖飲料也進軍到澳洲,1 杯珍珠奶茶是澳幣 6.5 元,接近新台幣 150 元,所以通常是整個旅程只喝一杯來試試。

速食是個打理 3 餐的好選項

　　我個人推薦在澳洲吃麥當勞或是 Hungry Jacks 等速食,以價格來說相對便宜,而且還有小孩最愛的冰淇淋,每支澳幣 1 元。澳洲的

國民小吃肉派（Meat Pie），金黃酥脆的餅皮，滿是肉末及肉汁，有時候還加入洋蔥、蘑菇或奶酪。2003 年新南斯威爾斯的州長 Bob Carr 把肉派封為國家美食（National Dish），每年澳洲還會舉辦澳洲肉派大賽（The Great Aussie Meat Pie Contest），如同台北的牛肉麵節一樣。要吃肉派可以選擇各地的 Pie Pace，顧名思義就是派上面有各種臉部表情，或是一樣有很多分店的 Harry's Café de Wheels。

澳洲人真的很愛BBQ啊

澳洲人非常喜歡 BBQ，公園、動物園、度假村乃至於海邊……都有烤肉台，你只需要帶著各種食材和基本的烤肉用具就可以開始烤肉。多數的公園還可以讓你事先預訂位子野餐，就知道這個活動在澳洲有多麼地風行。

綜合以上，在澳洲多半吃這些高熱量的食物，因而非常容易變胖。澳洲也是全世界第 2 肥胖的國家（第 1 胖的是美國）。去澳洲前先要有把體重豁出去的想法，到了當地就入境隨俗，回來再好好地減肥吧！

最後要特別提醒大家，在外面吃飯會有很多海鷗，絕對不要給

牠們吃東西，不然會來一大群。另外有一種澳洲白䴉（Threskiornis molucca）俗稱赤鷺（Australian white ibis）澳洲白䴉是一種在澳洲普遍可以看到的鳥類，在公園港灣河畔等地點出沒。這是我最討厭的一種鳥，牠的嘴巴很長很尖，而且因為飲食習慣不佳，而被澳洲人稱為「垃圾鳥」。我本身就看過好多次澳洲白䴉跳到餐桌上吃人類的食物，所以請對牠們敬而遠之。

澳洲人對付牠們的方法也很可愛，他們拿著水槍對牠們噴冷水讓這些鳥類跑走，絲毫不會傷害牠們，所以鳥類就越來越多。

澳洲的親子餐廳

我請澳洲朋友推薦這裡的親子餐廳，他問我什麼是親子餐廳？我說：「就是可以讓大人好好吃飯，小孩又可以玩裡面遊樂設施的餐廳。」

他歪著頭想了很久說，麥當勞吧！

原來是因為這裡的餐廳很多都有溜滑梯，像是在達令港的購物中心裡就有大小孩和小小孩的遊樂設施。一般的購物中心裡也都有讓小孩搭乘的玩具車子。

一進到餐廳，最基本的是服務生會提供畫紙和畫筆讓小孩畫畫。大部分的餐廳也都提供兒童餐（內容多半是小份的餐點加上薯條或是冰淇淋）。澳洲人對孩子總是笑容滿面，所以根本就沒有所謂的親子餐廳，因為整個城市就是小孩的遊樂場。

🌾 推薦餐廳

Chophouse Parramatta

🏠 83 Macquarie St, Parramatta NSW 2150
📞 +61-2-8855-3400
🌐 **菜單**：chophouseparramatta.com.au/food-menu
🌐 https://www.chophouseparramatta.com.au/home
🚌 距離 Parramatta 火車站走路大約 10 分鐘。

地圖　　網站

Betty's Burgers & Concrete Co

連鎖店，在雪梨、衝浪者天堂和墨爾本都有，
我們去的是這家：

🏠 Chevron Renaissance Shopping Centre, 12-14/3240 Surfers Paradise Blvd, Surfers Paradise QLD 4217
🌐 https://bettysburgers.com.au/

地圖　　網站

Harry's Cafe de Wheels in Woolloomooloo（總店）

如果要來看風景可以順便來吃，不然其實每家店的味道都是
一樣的喔！

🏠 Corner Cowper Wharf Roadway & Brougham Road, Woolloomooloo, NSW 2011
📞 +61-2-9357-3074

地圖

Oporto 連鎖店

有新鮮的炸雞，烤餅也很好吃。

🌐 https://www.oporto.com.au/

網站

澳洲正統夜市
Eat Street Northshore

吃！就對了！

　　澳洲除了傳統的市集之外，其實也有像亞洲人一樣的夜市。這是位於布里斯本的 Eat Street。我很喜歡這種直接的名稱，反正就是一條「吃吃吃」的街道啦！

　　這裡比較特別的是要收入場的門票，每人澳幣 2 元，小孩免費。看到裡面的設備之後會覺得這個錢花得好值得啊！一進到裡面看到很多燈光的裝飾，感覺很不一樣。彷彿來到了一個嘉年華會！

　　這裡的兒童遊戲區除了彈珠台、撈小鴨子，竟然還把整個小水池搬進來了。想要玩的朋友記得多帶一件衣服替換。很特別的是裡面還有特製的狗狗喝水區（Dog Water），澳洲人對於動物真的很友善。

夜市美食果然讓人眼花撩亂

　　接下來看到的是各種美食。包括義大利的 Pizza、墨西哥的捲餅、澳洲的傳統肉條、日式的炸雞、中式料理……以小吃類居多。裝飾品像小夜燈和衣服、飾品等等也都有。最厲害的是各種冰淇淋甜點，目不暇給的各種甜品店，每一間裝潢都好漂亮，光看就覺得很舒服。

　　我們選定了一間人氣商家 Hot Balls，買了一長條的巧克力冰淇淋

和一大杯冰淇淋，夜市的中間有很多草皮椅，讓人覺得無限放鬆。我們就坐在上面吃著冰淇淋。這時候我們突然看到在不遠的河邊，竟然有煙火秀的表演，而且一放就是十多分鐘！

我們 3 個都是第一次在夜市看到煙火，配合著夜市的氣氛和嘴裡的美食，感覺真的很幸福。小龍弟弟說：「澳洲實在是太厲害了！」哈哈，我也深有同感耶。帶孩子出來看世界真的能夠增廣見聞。另外一區可以看到現場的演唱會表演，這就是澳洲人的優閒。

門口這邊有 ATM 區，讓你不用擔心現金帶不夠，真的是很方便。

Info・Eat Street Northshore

⌂ Eat Street Markets, MacArthur Avenue, Hamilton QLD
☏ +61-7-3358-2500
🌐 http://www.eatstreetmarkets.com/
🕐 週五～六 4：00PM ～ 10：00PM 週日 11：00AM ～ 3：00PM
💲 澳幣 2 元，兒童免費。
🚌 搭 Bus 300 至 Racecourse Rd at Hamilton Central, Stop 20
下車（由 City 去行駛時間約 20 分鐘），再步行約 1 公里即可抵達。
City Cat Ferry 至 Bretts Wharf 下船再步行約 1 公里。
注意這 2 種方式都要走 1 公里的路，如果不想帶小孩走那麼遠
的家長，就搭計程車吧！布里斯本計程車號碼：131008 或是叫
Uber 吧！

地圖

網站

庭園咖啡
The Grounds of Alexandria

好看好拍又好吃

　　來到雪梨，有個非常熱門的餐廳就是庭園咖啡（The Grounds of Alexandria）。這裡號稱是雪梨最好的咖啡廳，不只好吃還好看、好逛、很好拍。我們去的時間是中午，裡面擠滿了人潮，就知道如果是假日人應該會滿出來吧！

　　外面有很可愛的甜甜圈和小蛋糕店，週末會賣有機的麵包，旁邊有大大的棒棒糖裝飾，還有一台復古的骨董車，很像走進了童話世界，讓人看了心情大好。再走進去一點居然還有賣花，而且是各式各樣的漂亮花朵，

地上還鋪著優雅的地毯,走過去感覺自己的身分好像尊貴了起來。所以有很多美女穿著洋裝搔首弄姿地來拍照,看起來就是一幅美麗的風景。

美景會讓相機記憶卡沒空間

這邊可以選擇有供應餐點的 The Cafe,角落遍布植物與盆栽的 The Potting Shed 很像是溫室小木屋,2 個獨立又半開放的空間與花園及生意盎然的綠意無縫接軌。這邊還有戶外的庭園區,天氣不熱的話坐在這裡還蠻舒服的。旁邊有一個小小動物園區,有小豬和雞,這裡簡直可以說是小型的開心農場。

這邊的每一個角落都充滿了巧思,就連 ATM 看起來都像是一個復古的電話亭,讓人忍不住想一直拍照片。提醒大家一定要在下午 2 點前來喔!午餐時間才是最適合拍庭園咖啡的時段。

Info・庭園咖啡 The Grounds of Alexandria

🏠 7a/2 Huntley St, Alexandria NSW 2015
📞 +61-2-9699-2225
🌐 thegrounds.com.au
　　(強烈建議要先預約,因為這裡永遠都是滿的!)
🚌 Central 轉 Airport line 到 Green Square,再走大約 15 分鐘。

地圖

棉花糖冰淇淋 Aqua S

澳洲必吃夢幻甜品

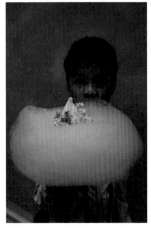
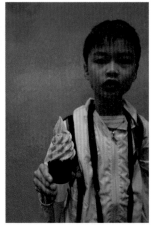

　　號稱雪梨最夢幻式的棉花糖冰淇淋，一定要帶小孩來朝聖。這間店位在購物中心裡面，小小的店面不大，淡藍色系的裝潢，光看就非常療癒。這邊的特色是先選擇冰淇淋口味，再決定上面要加什麼配料，然後一定要加上棉花糖，這樣才夠夢幻。

　　廚房就在櫃檯的後面，所以全程的新鮮看得見。店內招牌的是海鹽口味，所以我們點了一支海鹽口味再加上一支有棉花糖的冰淇淋。第一次來發現很多人看到巨大冰淇淋都很驚奇，味道也很好吃喔！當然這裡也是熱門的拍照打卡點，記得穿上美美帥帥的衣服來吧！

Info・棉花糖冰淇淋 Aqua S

🏠 27/501 George St, Sydney NSW 2000
　　(離 QVB 不遠，可以在逛完市區之後來吃)
📞 +61-2-8668-5957
🕐 12：00PM ～ 10：15PM
🌐 http://www.aquas.co/

地圖

網站

殖民風情電車餐廳
The Colonial Tramcar Restaurant

此生必搭，世界上第 1 台電車餐廳

　　墨爾本電車餐廳是世界上第 1 台電車餐廳，如果打開墨爾本當地的旅遊介紹，一定少不了這個部分。3 列 SW6 型號的列車被改造成了餐廳，這就是墨爾本獨有的特色，殖民電車餐廳（The Colonial Tramcar Restaurant），始於 1983 年，是全澳洲唯一的電車餐廳。

小鐵道迷不能錯過的體驗

　　家有鐵道迷的我們當然也要參加這樣的饗宴。沒想到 1 個月前訂購平日的午餐居然已經客滿，需要排到後補。因此如果確定要來電車餐廳，至少 2 個月前就要預訂。我於是在收到候補信的幾天之後，寫信再次詢問是否有可能排上 2 個人的位置，而且我是作家，如果搭上了會大力宣傳電車餐廳，然後，隔天我就收到確認回信。所以，別以為候補就沒有機會，多問還是什麼事都有可能的。

　　電車餐廳每日供應午餐和 2 場晚餐，午餐 Luncheon 是 1：00PM ～ 3：00PM，4 道菜，價格為澳幣 90 元；早一點的晚餐 Early Dinner 5：45PM ～ 7：15PM，3 道菜，價格為澳幣 85 元；晚一點的晚餐是 8：35PM ～ 11：30PM，5 道菜，價格為澳幣 130 元（週日～週四）和澳幣 145 元（週五、週六）。

　　建議比預定用餐時間提前 15 分鐘抵達。等待的位置很像公車站，但又沒有站名。花了一些時間才找到，因此要預留時間找路。我們抵達時服務生正在對乘客的名單，登記後，服務生告訴我們上那一台車。

　　遠遠的，咖啡色的電車正往我們開來。非常準時，1 點鐘，3 台電

車來了。

盛裝打扮好好吃一頓

　　服務生先確認裡面狀況，再為大家開車門。上來可以先看 Menu，主菜可以選魚或是豬肉，服務生還會先問客人要哪些飲料。第一道前菜來了，美味的麵包和餅乾配上漂亮的醬料，別有一番風味。車內的座位都是靠窗型，有 2 人座和 4 人座，小超人是這次車上唯一的小孩。還好我們有盛裝打扮啊！

　　列車走得很慢，讓我們欣賞沿路的風景。車廂內是黃色的燈光，彷彿進入了五〇年代的古老時光，很懷舊的感覺。主餐來了，小超人的是魚，分量不少。豬肉的分量更多，還有一塊馬鈴薯。大家都很開心地享受佳餚。

　　小超人吃飽喝足，開始玩起盤子，並叫我幫他拍照。甜點分量超多，可以外帶嗎？ NO ！！這點要特別注意，最好是空著肚子去吃。最後服務生還給我們 2 張明信片留念，並附上主管名片和巧克力。結束 2 個小時的電車餐廳之旅，真的很意猶未盡啊！

Info・殖民風情電車餐廳 The Colonial Tramcar Restaurant

🏠 125 Normanby Rd, South Melbourne VIC 3205
📞 +61-3-9695-4000
🌐 http://tramrestaurant.com.au/
🕐 1：00PM ～ 3：00PM、5：45PM ～ 7：15PM、8：35PM ～ 11：30PM
※ 電車餐廳於 2019 年 5 月開始，因檢修暫停營業，想前往務必事先確認喔！

地圖

網站

維多利亞女王市場
Queen Victoria Market

墨爾本人的自家廚房

墨
爾
本

　　來到墨爾本，除了各種電車之外，最不能錯過的當屬維多利亞女王市場（Queen Victoria Market）。這個號稱墨爾本人自家廚房的市場，到底有什麼魔力？

　　抵達市場相當方便，可以搭乘免費電車，公車站（Queen Market Market）對面就是入口。下次可以選擇在市場的附近住宿，吃飯購物變得更容易。特別注意，市場的營業時間每天都不一樣，週一和週三休息。最好是先去官網上面查詢，據說夏天還有夜市。另外還有導覽可以參加。

必吃甜甜圈與熱巧克力

　　第一個尋找的美食就是網路上大家都推薦的甜甜圈 American

Doughnuts。一台乾淨漂亮的車子後面排著人潮。我和孩子買了 2 個來吃，外面的砂糖酥脆配上草莓餡料，融合得恰到好處，只是要小心別被剛出爐的甜甜圈燙到。1 個不到澳幣 1 元，算是平價的市場美食。

　　接著看到這個 KoKo Black Chocolate 號稱全澳洲最棒的巧克力店，剛好在市場裡有 1 間分店，我們就點了杯熱可可來喝。一入口真的不得了，這是我喝過最好喝的熱可可了！不會太甜又有著巧克力的自然芳香，我和小超人開始搶著喝。KoKo Black Chocolate 不是百年老店，但從 2003 年開幕後，就大受歡迎。如果有空的話可以在 Royal Arcade 裡面喝下午茶，享受一下優閒的時光。

時尚玩家推薦香腸堡

　　接下來尋找的是電視節目裡推薦的香腸堡。這家店有多有名呢？我詢問旅客服務中心，服務人員指引我位置後，叫我順便幫她帶上 1 份，哈哈，感覺應該相當厲害，連當地人都喜歡。德國香腸堡（Bratwurst Shop）這間店滿是人潮，我點了 1 份香腸堡來吃，果然不同凡響，不只分量大，還可以自行搭配醬料。早午晚餐都可在此解決。

　　如果想要買菜自己烹調，各種蔬菜肉類應有盡有。除了買菜回家煮

之外，這裡的熟食區也很令人讚賞，有很多位置可以讓你點完餐之後坐下。位置很寬敞，店家的態度都很親切。下次來墨爾本應該要選附近的飯店，就可以吃到很多不同的當地平民美食。

遊戲車與禮品好玩又好逛

然後我要特別提到澳洲的兒童遊戲車。一般台灣的遊戲車子，多半是突破道路上的障礙或是比速度，但是這邊市場的遊戲車，卻是要你答對不同的益智題目，比方哪一個是法國的國旗，這樣充滿知識性的題目完成 3 題才會得到分數，真的很有意思。另一個我要大大推薦維多利亞女王市場的原因，就是這邊的寶藏實在是太多了。除了可以買蔬菜水果和肉類回家自己調理之外，衣服便宜質料又好。一件 T 恤才澳幣 5 元，折合台幣不到 120 元，而且上面還有墨爾本的標誌，我幫全家人都買了一件。事後有點後悔應該要多買一些，然後這邊的紀念品也超便宜，筆總共 15 枝，才澳幣 10 元，等同 1 枝筆新台幣 15 元。我頓時覺得應該把所有的禮品預算全部都花在這邊。

小超人最有興趣的還是火車，但是火車紀念品只能看沒法玩，所以只好請他選擇先放下了。如果不是因為時間有限，真的想要每天都來這邊晃個半天挖寶呢！

Info・維多利亞女王市場 Queen Victoria Market

🏠 Corner Elizabeth & Victoria Streets, Melbourne, Victoria 3000
📞 +61-3-9320-5822
🌐 http://www.qvm.com.au/
🕐 週二、四 8：00AM ～ 2：00PM；週五 8：00AM ～ 4：00PM、週六 6：00AM：3：00PM、週日 9：00AM ～ 4：00PM、週一、三、假日公休
🚌 市場距離墨爾本市中心很近，步行即可抵達。如果搭乘電車，請在伊麗莎白街（Elizabeth Street）市場正門下車。位於富蘭克林街（Franklin Street）的市場後方還有一個停車場。

地圖

網站

岩石區鬆餅
Pancakes on the Rocks

雪梨第 1 名美食

　　講到雪梨的美食，會讓我懷念到一直想要流口水的，就是鬆餅（Pancakes）。

　　下飛機的第 1 站，我告訴當地朋友 Bob 就是要來吃這一間，他皺著眉頭說，那裡永遠都很忙！要有排隊的心理準備。就知道生意有多好。建議大家在非用餐時段來，車子停在路邊的停車格，我們就到歷史最悠久的這一間店。非常幸運，週六居然不用排隊。我們開始研究起菜單，讓人驚豔的是居然有小孩的菜單。

　　我點的是網路上大家激推的 Devils Dessert，聽起來很邪惡的一個甜點，反正來澳洲就是要來嘗試當地的美食，回家再繼續減肥。我幫小超人點的是 Kids Pizza 的蜜蜂圖案。Bob 和 Chelsa 點的是早午餐類，實際上他們的 Pizza 也很不錯，但實在是吃不下，我們還點了咖啡和茶

一起享受。

肚子空著來就對了

建議一定要空著肚子來，因為每一種分量都很大，鬆餅類如果外帶之後就不好吃了。接著看到櫃檯有賣鬆餅粉，本來想要買一包回家自己做。Bob 跟我說：「裡面的粉跟超市賣的應該差不多，只是加上了店的名稱，價格就比外面貴。妳說對吧？」我想想也是，台灣的鬆餅更便宜，還是回國再買。我們要結帳時，才發現櫃檯都是排隊的人潮，看來我們真的很幸運。

同場加映：岩石區假日市集The Rocks Market

吃完鬆餅，還可以去逛岩石區的假日市集，這邊的東西全部都是Made in Australia，可以仔細挑選。不過小孩只想找玩具。所以帶孩子出門，要有無法好好購物的心理準備。我們發現的一個會自己跳動的袋鼠，小超人開始玩了起來。還有一攤整個都是玩具，是我們停留最久的一個地方，能夠全身而退算是很厲害。來到這邊一定要來岩石廣場的紀念碑拍照。這可是歷史悠久的代表。還可以順道去一下旅客服務中心諮詢和收集各種資料。裡面的服務人員會親切地回答各種問題。本來要在這邊預定史帝芬港一日遊，但因為氣象預報是下雨天，服務人員也建議不要去滑沙和看海豚，因此我們又留下可以再去一次雪梨的理由。

Info・Pancakes on the Rocks

4 Hickson Rd, The Rocks NSW 2000
http://PANCAKESONTHEROCKS.COM.AU/

地圖　　　網站

The Rocks Market

Playfair Street, George Street, Jack Mundey Place
http://www.therocks.com/things-to-do/the-rocks-markets/
週六、週日有開，10：00AM ～ 5：00PM

地圖　　　網站

雪梨魚市場
Sydney Fish Market

CP 質高的美食體驗

　　來到雪梨，除了歌劇院必去之外，還有一個大家推薦的地方就是雪梨魚市場（Sydney Fish Market）。魚市場成立於 1989 年，是僅次於日本東京築地漁市場的全球第 2 大漁貨集散地，集結了超過 100 種以上的各式海產。

搭電車去魚市場

　　到魚市場有很多種方式，比方搭公車 501、389 或是自行開車，但我個人最推薦的就是搭乘輕軌電車直接抵達 Fish Market 站。我們先從住宿的地點搭火車到 Central Station，再轉搭乘電車。小超人看到紅色的電車超開心。電車開得很慢，可以欣賞沿途風光，而且都會報上站名，不怕坐過站。

　　有朋友問我，早上和下午去魚市場的差別？最大的差異就是一定要早上才會吃到當天捕獲的新鮮海鮮。魚市場不大，基本上就是一條商店街。裡面相當乾淨，用餐時間滿滿的都是人，所以愈早去愈能夠享受優閒的用餐時光。

有機會請參加魚市場導覽

　　我曾經參加過魚市場導覽，工作人員詳細地解說魚市場的運作，相當有趣。進到辦公室內，發現他們不只有簡單的團，還有一堆烹飪的課程，你可以選擇從最簡單的如何挑選食材，到澳洲人最愛的海鮮 BBQ……各種關於魚的知識應有盡有。

　　我個人覺得最特別的是市場裡面的這個計價器，一群中盤商坐在上頭互相喊價，不同的魚類大家以不同的價格廝殺，到最高價時即為成交，跟拍賣的道理一般。據說，中盤商拿到的價格再拿到最終的通路去販賣，毛利高達 50%。

　　導遊是在裡面工作的員工，看來對魚很有一套。帶著我們邊解說邊拿起旁邊的魚。她隨手抓起 2 隻 1 大 1 小的螃蟹，小為母的，大是公的，一般說來，母的螃蟹價格較高，因為較美味。她熱心地教我們聞魚的味道來辨別新鮮度，好的魚通常是沒有任何的腥味。

　　魚市場內部也有販賣新鮮的海鮮，由於直接從產地運來，價格非常便宜，通常是外面的 6 ～ 7 成。家庭主婦會來買一大包的花枝或是魚片，回家自行料理即可。我特愛買已經煮好的海鮮，顏色金黃飽滿，讓人直流口水。一大盒的 Fish &Chips 也才澳幣 7 元 (通常外面是澳幣 15 元以上)，連我這個很會吃的女生都只吃得下三分之一。

Info・雪梨魚市場 Sydney Fish Market

🏠 Corner Pyrmont Bridge Road &, Bank St, Sydney NSW 2009
📞 +61-2-9004-1100
🌐 http://www.sydneyfishmarket.com.au/home

魚市場導覽
🕐 週一～五 6：40AM ～ 8：30AM，國定假日暫停
💲 成人：澳幣 35 元、10 ～ 13 歲孩童：澳幣 10 元

地圖

網站

龍捲風燒烤豬排
Hurricane's Grill

挑戰超大分量美食

　　來到雪梨有一個必吃美食就是龍捲風燒烤豬排（Hurricane's Grill），目前有邦迪海灘、達令港和黃金海岸有分店。而 Darling Habour 的餐廳有分露天和室內，如果天氣好的話一定要選擇露天的位置，可以看到無敵夜景。

　　達令港分店至少要提前一週訂位，因為門口滿滿的都是排隊人潮。從窗外看過去風景超棒，所以我選擇在這裡和澳洲的同學聚會。儘管是坐在室內，看到透明窗外的夜景仍是超棒的。

　　食物還沒到，餐廳貼心地準備了蠟筆和紙張給小孩畫畫打發時間，

真的很棒。前菜過了之後，接下來是比人臉還要大的豬排（Pork Ribs）上場，端起來比比看，真的是臉的 2 倍大，好厲害啊！建議 3～4 個人一起分。結果 6 個大人加上 3 個小孩叫 2 個豬肋排居然還有剩下一些可以打包。

Info・龍捲風燒烤豬排 Hurricane's Grill

🏠 Harbourside Shopping Centre, 433-436 Darling Dr, Sydney NSW 2000

📞 +61-2-9211-2210

🌐 https://www.hurricanesgrill.com.au/

🕐 12：00AM ～ 3:00PM, 5：00PM ～ 11:00PM

地圖

網站

雪梨塔 Sydney Tower

雪梨

邊看夜景邊吃美食

人到了雪梨，除了雪梨歌劇院之外，另一個最不能錯過的當屬雪梨塔（Sydney Tower）。雪梨塔位於雪梨市中心，是雪梨第1高、澳洲第2高的建築，在250公尺高處有一個360度觀景台，而260公尺高處有一個「雪梨塔空中走廊」（Sydney Tower Skywalk）的露天觀景

平台，空中漫步活動只供事先預約的遊客參與，還有旋轉餐廳、咖啡廳、紀念品店等供遊客參觀。

雪梨塔從 5 樓搭乘高速電梯只需花費 40 秒即可到達頂部觀景台，雪梨塔是可以綜覽市區全景的最佳觀賞點，也是跨年看煙火的首選之地。在塔上還可欣賞 4D 動感電影，隨著影片探索神祕澳洲大陸、高山、河谷、叢林，並了解澳洲歷史和風土民情。這部片透過 1 隻鳥的眼睛去看澳洲，小超人等 3 個孩子都看得津津有味。

雪梨塔位在雪梨最熱鬧的逛街區 Pitt 街上，樓下就是西田購物中心。

$ 雪梨塔票價比較

	定價	網路購買
大人	澳幣28元	澳幣19.6元
小孩	澳幣19元	澳幣13.3元

小孩光是從 1 樓搭到頂端的電梯就覺得超有趣，好奇地盯著螢幕一直看。會暈車的人請注意，耳朵會有一些些不適應。到了上方可以盡情地看夜景，我們等待的是 9 點在 Easter Show 放的煙火。跨年的時候這裡會擠滿人潮，想來的話一定要提前至少 3 個月前就訂票喔！

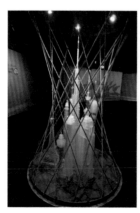

餐廳入口在西田購物中心 4 樓,提早 10 分鐘到 4 樓櫃檯報到即可,櫃台附近有舒適的沙發休息區,可以坐著慢慢等。通常旅行團會帶客人去雪梨塔吃晚餐,雪梨塔旋轉餐廳提供 40 多道各國菜肴,因應觀光客的到來,還有很多亞洲的食物,最特別的是袋鼠肉和鴕鳥肉。袋鼠肉吃起來基本上和牛肉差不多,但是再硬了一些,口感不是很好。

　　我上去吃過了 2 次,分別是和朋友 Bob 及同學 Miao。但這回考慮許久決定不去吃晚餐,主要原因還是在預算。大人一位澳幣 85 元,小孩一位澳幣 27.5 元。大人等同於新台幣 2,000 元,小孩也要新台幣 600 元左右。因為已經把預算花在墨爾本的電車餐廳上,加上已經體驗過 2 次,這次就決定採取更經濟的方式體驗雪梨塔。官網上的票卷琳瑯滿目,由於時間有限,最後我們選擇在網路上訂購一般的入場卷。上網購買可以省下澳幣 6 ～ 8 元呢!

Info・雪梨塔Sydney Tower

🏠 100 Market St, Sydney NSW 2000
📞 +61-1800-258-693
🌐 https://www.sydneytowereye.com.au/
雪梨塔自助餐
🌐 https://www.sydneytowerbuffet.com.au/
🕐 午餐11：30AM～2：30PM、晚餐 5 PM：00～
　　9：00PM
🕐 用餐時間：1.5小時

地圖

雪梨塔網站

雪梨塔餐廳
網站

CHAPTER
6

買好買滿！
澳洲必買伴手禮

出國旅行不帶點伴手禮回家怎麼可以！除了告訴你
來到澳洲的必買好物，也和你分享怎麼帶著孩子好
好購物喔！

不可錯過的好物推薦

PART 1

保健食品、零嘴、伴手禮一次買齊

親子遊購物雖然很難當成重點，但天然純淨的澳洲卻有很多必須推薦大家購買的好東西。

保養保健好物推薦

從擦傷到濕疹都好用的萬用膏，殺菌消炎必買的茶樹精油相關商品，還有綿羊油到底該怎麼買？大家都在代購的保健食品，哪一個品牌才是最受歡迎的？現在一次好好了解。

木瓜霜Lacas Papaw

這是台灣人到澳洲必敗美妝聖品。使用澳洲昆士蘭當地種植的100% 新鮮青木瓜，再萃取新鮮青木瓜的木瓜酵素，提煉而成的澳洲木瓜霜。木瓜霜是天然的萬用膏，包括擦傷、割傷、刮痕、燙燒傷、乾裂、皮膚疹、昆蟲咬傷、裂傷口、青春痘、曬傷、寶寶尿布疹等非常廣泛的療效。雖然台灣也有賣，但在澳洲當地買便宜許多喔！

AESOP系列
保養品界的明星

1987 年成立於澳洲墨爾本的 Aesop 已經 30 年了，最鮮明的特色莫過於產品的褐色玻璃瓶，為了隔離紫外線和防止變質而設計，堅持草本成分和抗氧化物等天然的配方。推薦香芹籽系列，這也是 Aesop 的明星產品之一， 它結合蘆薈與維他命原 B5 的保濕與修護作用，還有抗氧

化效果優異完美成分，葡萄籽、香芹籽成分，能為肌膚提供抗氧化防護。

澳洲精油Thursday Plantation

很推薦星期四農莊系列精油。其品牌名稱源自於 1973 年品牌創始人 Eric White 投資了一塊位於澳洲新南威爾士州北部的土地，並開始了茶樹的開發。

經過辛勤研究和遊說，Eric 終於獲得了政府頒布的官地契約。1976 年的某個星期四送到了 Eric 的手上，星期四農莊因此誕生。最有名的當屬茶樹精油，具有殺菌消炎，收斂毛孔，治療傷風感冒、咳嗽、鼻炎、頭皮癢和香港腳等症狀。洗澡洗頭時可以滴入幾滴精油，具有清潔殺菌功效來加強身體清潔。茶樹精油有天然止血的功用，又可以消炎舒緩，於患部擦 1 ～ 2 滴茶樹精油，傷口可以快速癒合，並預防再次感染。

保健食品

住在雪梨的大陸朋友在當地做代購，服務內容就是幫國內的朋友買大量的保健食品。代購的收入可以讓她不用打工在家輕鬆賺錢，就知道澳洲保健食品的威力吧！

最熱門的2大品牌：

1 Nature's Care

機場的暢銷品牌 Nature's Care，成立於 1990 年，投入巨資建成 1 萬 2,000 平方公尺的生化高科技護膚品健康食品工廠，於純淨零污染的澳洲雪梨北邊郊區，是澳洲最大的保健品之一。

為澳洲本土及全世界信任的生活科技健康食品公司。成立於 1930 年，已經有近 80 年的歷史。

至於要買哪些保健食品呢？其實見仁見智。我比較推薦以下幾種：蜂膠——可以提高機體免疫功能，增加抗病能力；抗氧化，清除自由基；調節血糖，改善糖尿病症狀；消炎、解熱、鎮咳、祛痰；抗菌，抗病毒；胃潰瘍、口腔潰瘍。益生菌產品——大多數的疾病都是從壞菌打敗好菌開始的，所以從小就要補充好菌。

澳洲綿羊油

真正的澳洲人是不擦綿羊油的。多數的時候是賣給觀光客，所以價差很大。但是因為澳洲天氣乾燥，綿羊油的確很實用。G&M Lanolin 是最熱門的品牌，其提煉純度（99.9% 以上）以及無菌處理水平的生產工藝，都是普通禮品店出售的小牌綿羊油無法比擬的。建議在超市或是在各地的藥妝店購買。

零食甜點與其他

帶著孩子出門零嘴甜食應該無法避免，其實這些也很適合帶回來當作伴手禮，和同事或親友們分享喔！

TIM TAM餅乾

巧克力威化餅。口味偏甜，個人不是很喜歡。但卻是來澳洲必買的伴手禮喔！1年的銷量為 3,500 萬包，連起來可以繞地球一圈！Tim Tam 巧克力餅乾會好吃的原因在於它有淡淡的焦糖口味。而且這種奇妙的滋味是來自於香草、奶油和巧克力的黃金比例。

Haigh's Chocolate

來自南澳的古老巧克力品牌，味道非常濃郁，但價格也不便宜。在超市也有許多 Made in Australia 的巧克力，一包 2 元，值得買來送給親朋好友。

Info •巧克力這裡買 Haigh's Chocolate
https://www.haighschocolates.com.au/

Jumpy's袋鼠餅乾

餅乾就是袋鼠的造型，模樣可愛，一個大概半個小姆指的大小，適合送給有小孩的朋友。

Sipahh 神奇牛奶吸管

吸起來牛奶就會變巧克力或草莓等口味。是給小孩喝牛奶的好幫手。現在台灣的 Costco 也有賣喔！

Vegemite果醬

Vegemite 味道極鹹，並有苦味，富含維生素 B 群，特別是硫胺、核黃素、煙酸和葉酸，塗在吐司上面吃，其實相當營養。在澳洲有「要做道地的澳洲人一定要吃 Vegemite」的說法。我其實只有在念書的時候吃過幾次，但味道真的和我們台灣的口味差很多。

澳洲紀念品

包括印有澳洲地圖、袋鼠、無尾熊標誌的衣服、絨毛玩具、原住民的飛鏢、筆等等。這些東西雖然大多是 Made in China，但價格便宜且只有在這裡買得到，可以大量購買送人。

購物中心買逛攻略

PART 2

鎖定店家一次採買

澳洲的小店並不盛行，占地廣大的購物商城是居民主要購物地點，如果能掌握在購物中心的買逛祕訣，不僅能一次買足還能省下荷包。

逛過澳洲大型購物中心的遊客，大概都會驚訝於它偌大的面積，這些位於每個地區起碼有 200～300 坪的空間，好幾層樓高的建築物，正不折不扣地說明了澳洲人的特殊購物習慣。

購物中心目前最出名的有 2，一是位於市政廳 Town Hall 的維多利亞女王大廈 QVB（Queen Victoria Building），以富麗堂皇出名，有維多利亞女皇的肖象，也有自動彈音樂的鋼琴，還有像電影《鐵達尼號》的骨董手動電梯。可惜的是，裡面所有的東西都只可遠觀而不可

藝玩焉，價格也會讓你瞠目結舌。另一個則是在各地都有的西田購物城（Westfield Shoppingtown），因其規模龐大如同一個小鎮，名字由此而來。它的入口處標示有各樓層的各個商店分類及位置，非常詳細。

商店多品項多，讓你一次買足

這些購物中心有著各式各樣的店鋪，除了一般會想到的衣服、鞋子、飾品、禮品等各品牌商品，還有百貨公司及超市之外，更有電影院、理髮店、相片館、銀行、郵局、寵物店、藥房乃至於五金雜貨。這是由於澳洲的小店並不盛行，因著他們喜歡在同一個地方就把東西買足，也沒有時間跟精力跑到別的地點去比較，商店也不容許他們這樣做。因為在購物中心一般 5 點半就關門，週末假日 5 點就關門的文化之下，澳洲人養成了聚集經濟的商業排列組合。

即便如此，在澳洲的 6 個省中，還是各自發展出每週 1 天的 Shopping Day，雪梨是星期四，昆士蘭是星期五，在這一天，幾乎每家商店都會開到 9 點，方便上班族或是學生。另外，大型超市像是 Woolworth 或是 Coles 是每天開到晚上 10 點，例假日開到晚上 7 點，如果稍晚需要東西，還可以到他們的店裡去購買。然而，澳洲人通常平均 1 週買 1 次菜，1 次買 1 星期的量。

🔵 推車服務到家，再重也不怕

你可能會想，澳洲人購物每次都買這麼多的東西怎麼提得動呢？其實，超市門口提供大型手推車，讓消費者推著他們的商品，直到家門口或是停車場。因而，在購物中心的附近路上，你會見到三三兩兩的手推車，全是民眾留下來的，他們把東西提走後就把推車放在路邊。不久，就會有購物中心的員工，號稱是專門收集手推車的壯丁們，把這些車子再物歸原位。

限時特色商品，撿便宜最划算

看到許多人買了滿坑滿谷一箱箱的食品飲料，這些東西似乎是不用錢一般。其實澳洲的商品價格昂貴，一般是台灣的 2 ～ 3 倍，但也是有撿便宜的機會，像是超市裡天天都有最低價的幾件商品，雖然多半是 2 天後就過保存期限，不過如果在時間內食用，也可以省下一筆不少的錢。

不同的商店有著不同的特色商品。比方 Target 是以賣衣服及鞋子便宜出名，如同國內的家樂福，這裡的服裝各種尺寸都有，還可以提供試穿，價錢只有外面的二分之一或三分之二。Kmart 則是以家電用品最齊全，如果要買暖爐、電視、風扇或是露營汽車用品，到這邊就準沒錯。

總之，來到澳洲生活，必須注意時間管理及食物調配，隨時留意最低價的商品，養成一次全部買齊的習慣，可以省下一筆不少的費用及時間。旅遊的話，則可以到超市買明信片、巧克力、果醬或是茶包帶回家，絕對都比在熱門的觀光景點便宜上好幾倍。

Info・澳洲購物中心

QVB （Queen Victoria Building）
🌐 https://www.qvb.com.au/

Westfield Shopping town
🌐 http://www.westfield.com/au/centres/

Woolworths
🌐 http://www.woolworths.com.au/

Coles
🌐 http://www.coles.com.au/

艾兒的購物私房話

　　我想有小孩的家長對於帶著孩子們逛街應該都會兩手一攤吧！除非小孩本身是那種很喜歡看百貨服裝的小女生，不然大多數的孩子應該都和我們家的男生一樣，對於不是玩具類的東西，一點興趣都沒有，還會不斷地催促大人快點離開。加上我這次旅行是一打二，要購物其實又更加困難。

　　帶孩子購物，我的訣竅是先餵飽肚子才能逛街！

　　我和孩子們談了條件，讓他們吃薯條和冰淇淋，但要給我半個小時買東西。於是他們心滿意足地吃完了速食大餐之後，接下來就是我的時間。由於時間相當有限，建議先到藥妝店找重點商品。像是木瓜霜、保健食品、精油⋯⋯。

木瓜霜、綿羊油、維他命，都是必買清單

　　澳洲家庭必備的 Lucas 木瓜霜，主要成分為凡士林，凡士林的妙用它都有，另外更含有木瓜蛋白酶，消炎鎮定效果也很好，所以跌倒割傷甚至濕疹都用木瓜霜就可以了。

　　木瓜霜的價差其實很大，建議是到有特賣的藥妝店買。以連鎖店 Chemist Warehouse、My Chemist 和 Priceline 居多。其實台灣的 Costco 和網站也有賣，只是澳洲當地比較便宜，而且包裝很多種。建議也可以同時找一下 Blackmores 以及 Nature Way 的小朋友維他命。保健品由於見仁見智，台灣的品牌已經很有保障，所以僅供大家參考囉！

另外，還有 G&M 的綿羊油、Rebirth 的綿羊油系列，強烈建議買一條護唇膏來擦，因為澳洲天氣乾燥，非常需要滋潤。星期四農莊精油，可以用來泡澡、按摩護膚等等。這一系列的商品也可以考慮。澳洲的防曬做得很徹底，到處都有人在賣太陽眼鏡和防曬乳。Cancer Council SPF 50 的防曬有多種系列，我買了運動和兒童款。

早餐茶、下午茶，還有UGG也不可錯過

零食類包含了 The Natural 軟糖、SMITH'S 洋芋片、Red Rock Deli 洋芋片，請買盒裝避免碎裂。TimTam 雅樂思巧克力夾心餅乾由於太甜，所以始終不在我的名單之中。

我們家小孩本來要買澳洲的泡麵回台灣，我啞然失笑。台灣的泡麵才是最厲害的啊！其他購物都是在路上剛好看到 Coles 或 Woolworths 超市，因為有點時間就趕緊衝進去逛一下，帶小孩逛街真的大不易啊！

TWININGS 茶葉包雖然是英國的，但由於比台灣便宜很多，愛喝茶的朋友可以考慮，另外買 Australia Afternoon Tea 或 Melbourne Breakfast Tea 保證台灣沒有。超市有 T2 的茶，這是創辦人透過黃色調統一形象精美的包裝，定位在茶葉界的精品，把各國傳統聞名的茶飲集結起來，將獨特的茶文化帶進充滿設計感的店舖裡。可以在當地品嘗的是 Weis 芒果冰棒，水果味道濃郁。還有可以拿來當水喝的牛奶，2 公

升的牛奶約新台幣 50 元、一條吐司 650 公克約新台幣 25 元，可以去超市買來當早餐。

特別的是，結帳有分人工或自助，自己結帳也別有一番樂趣。

我個人喜歡買的是印有澳洲地標或動物的衣服。可以去 Target 買，或是在紀念品店買。我在 Target 買了一套小龍弟弟的汪汪隊泳衣，上衣加上褲子才澳幣 8 元，不到新台幣 200 元，感覺好超值。

在黃金海岸的紀念品店看到棒球運動服，一件澳幣 10 元，馬上拿了 3 件。結果到了雪梨 Paddy's Market，發現一件竟然才澳幣 8 元啊！這裡同時也有一頂澳幣 4 元的帽子，來雪梨的朋友們千萬不要錯過這個地方尋寶。

最後一個要推薦的是各式各樣的 UGG 雪靴專賣店，從一位澳洲的年輕衝浪家首度帶著他的羊毛靴到美國至今日，價錢從澳幣 30 ~ 300 元都有，澳洲手工製造的羊毛靴有吸濕保暖的功能，溫潤的羊毛還能保護皮膚。

Info・Paddy's Market

🏠 9-13Hag,St Sydney

🌐 http://paddysmarkets.com.au

地圖　　　網站

特別收錄

澳洲日常
大不同

深入了解澳洲人，
你也會跟我一樣愛上澳洲！

樂於助人的澳洲人

　　大家都知道我非常喜歡澳洲人，之所以會對他們那麼有好感，不只是因為他們長得高，人帥氣又親切。而是因為他們真的是體貼到不行。

　　去過澳洲的朋友應該都曾遇過以下的狀況：一個人獨自旅行時，總是會有好心的人問你需不需要幫忙，他們會很樂意幫忙拍張照；拿著地圖走在路上，一定會有澳洲人問你：「請問要去那裡？需不需要幫忙帶路？」曾經遇到一位中年婦女帶著一隻狗散步，我請教她如何到火車站，她說：「走路恐怕要半小時，這樣一定趕不上下班車，不如你們等我一會，我載你們去坐車！」

　　這次旅行遇見的澳洲男孩，明明自己在趕車，卻還幫我撿手機套，我連聲「謝謝」都來不及說，對方已經匆忙跑上公車。這種情況在台灣是很難見到的，特別是台北的步調快，我們往往對周遭的事情視而不見。除非對方開口，我們很少會主動詢問對方是否需要協助，但是多問一句話，可能就會幫對方很大的一個忙。

多一點善意，多一點溫暖

　　以前坐電梯的時候，常看到人大包小包或是推著推車，不方便按樓層。很多時候，我都不好意思開口。後來我學會問一句：「請問到幾樓？需要幫忙嗎？」小小的動作，對方就會回應一個超級感激的眼神。

　　這是我從澳洲人身上學到的重要啟示：世界上的壞人太多，所以要當一個好人。

　　「勿因善小而不為」這就是澳洲人的樂活觀念。

　　澳洲人也非常貼心，下車時，他們會幫女生開門。在飯店 check in，發現卡片不能用，除了換一張卡片之外，服務生還會說：「I will go up with you to check.」再次確認卡片是可以用的，讓我忍不住說：「You are so sweet.」

　　不只是對女生好，從交通也可以看出澳洲人的思維。他們在馬路上書寫「Look Right.」提醒你要看右邊，不論行人是否遵守交通規則，所有的車子都會禮讓行人。就連腳踏車也可以在某些特定的高速公路上行駛，因為澳洲人會禮讓這些自行車手，這真是太溫柔了。

　　親愛的，當你還在和同事或朋友分你我的時候，澳洲人早已悄悄地伸出雙手，給你一個溫暖的擁抱。

　　人生很短，也可以很長。重點是怎樣讓它更加的璀璨，讓更多的人開心地在一起。對吧？

Philip教會我的一堂課

這次去澳洲，遇到很多人，但印象最深刻的是獵人谷度假村的老闆 Philip。他擁有 3 家旅館，卻在第一時間開著特斯拉電動車來火車站接我們。他善於觀察，發現坐在後座的 2 個兄弟都想要看到前面螢幕，就讓他們交換位子坐。

他沒有小孩，不會中文，卻在吃飯時教孩子們英文。「Yes, Please. No, Thank you.」我好奇地問他是怎麼辦到的？他說：「很多時候，不需要言語就可以溝通。」他曾經

在中國和一個不會說英文的老闆喝酒，2 個人喝了一個晚上的酒，什麼話都沒有講，但是之後卻變成了好朋友，每次他去到當地，這個老闆一定來接送，請他吃飯，住最好的飯店。

旅行，就是在教孩子觀察人、觀察世界。

我跟 Philip 說：「這 2 個男孩非常的 Naughty(淘氣)」

他說：「They are not naughty, they are busy. The difference is naughty is being bad. Busy means think a lot of things.」

他說他小時候也是 very busy. 當然小龍弟弟又比小超人還要忙。我聽了哈哈大笑，小龍弟弟的確等同於 2 個小超人啊！

在獵人谷度假村，小超人不願意去游泳。我跟他說，你就在房間門

口等,我們半個多小時就回來。我還特地把房門鎖起來,想說他頂多在附近走走。結果這個 7 歲的小男生,早就知道後面陽台的門沒有鎖上。我們一離開,他就從後門溜進去房間看電視。真的是很聰明的孩子啊!

最後,我想套句 Philip 說的話:「Eric can create a dream and make it happen. Gene can be a good sales man.」他只跟他們相處了 3 個小時就能有這樣的觀察,媽媽也要努力地發掘他們的優點,並且從中去幫助他們更加地茁壯了。

澳洲的厘語學幾句起來

No worries:到澳洲會聽到非常多的「No worries」。比方你跟澳洲人說謝謝,他不回答:「You are Welcome.」,他說:「No Worries.」沒關係,免煩惱啦。就字面上的翻譯來說,「No worries」代表著不用煩惱,這也正是澳洲人樂觀天真的個性。

Perfect:還有澳洲人很愛用「Perfect」這個字,完成了某件事,澳洲人就說:「Perfect」。

G'day:是Good day的意思,打招呼用,也可以當成Good Morning。

Aussie/OZ:Australian (澳洲人) 的意思,暱稱。因為 "Aussie" 發音很像 "OZ",所以 OZ 也可以用來簡寫這個字。

Ta:就是Thank you.謝謝

Catch you later:就是Good bye,我很喜歡這一句,就是我晚一點再去捉你,很有意思。

Arvo:就是Afternoon,下午。

另外,當你聽到澳洲人很稱呼女人和小孩Sweet heart和My darling時,不要太奇怪,澳洲人對所有的女人和孩子都是「親愛的甜心」,讓你真的愛死了澳洲人的這種親暱稱謂。如果你聽到Mate就通常是用在男生身上,是老兄的意思。

我個人印象很深刻的是,澳洲司機來接送你上下車,還要跟你說「My Pleasure.(我的榮幸)」如果大家都像澳洲人一樣樂觀和善,世界上美好的事情就會更多一點吧!

澳洲旅行實用網站

 交通安排

Journey Planner

Opal Travel App

TransLink 交通網

維多利亞州的交通建議

Airtrain 網站（布里斯本機場快捷）

Con-x-ion（布里斯本機場小巴）

雪梨火車路線圖

Transport 雪梨公車查詢

G link 電車黃金海岸

墨爾本電車地圖

租車比價網站

雪梨輕軌路線圖

 旅遊資訊網站

澳洲旅遊局

雪梨兒童網站

布里斯本兒童網站

布里斯本旅遊網

墨爾本旅遊網

澳洲天氣情報

雪梨景點

塔龍加動物園

菲德戴爾野生
動物園

獵人谷動物園

獵人谷度假村

達令港兒童遊
樂場

雪梨歌劇院

雪梨大橋

帕塔瑪塔公園

雪梨百年公園

雪梨皇家植物
園

澳洲國家航海
博物館

動力博物館

雪梨天文館

岩石區鬆餅

魚市場

雪梨塔

樂浮熱氣球公
司

墨爾本景點

菲利普島

瑪瑙無尾熊動
物公園

殖民風情電車
餐廳

彩虹小屋

摩寧頓半島溫泉

草莓園

蒸汽火車

維多利亞女王市場

布里斯本景點

龍柏動物園

摩頓島

摩天輪（南岸公園）

鐵路博物館

澳洲正統夜市

南岸公園

黃金海岸景點

消防車體驗

可倫賓野生動物保護區

室內跳傘

衝浪者天堂

水陸兩用車體驗

噴射船體驗

夢幻世界

海洋世界

藍洞螢火蟲

澳洲
親子遊

❌ 趣味景點 ❌ 深度探索
❌ 免費景點
❌ 行程懶人包

作　　者	鄭艾兒
編　　輯	徐詩淵
校　　對	吳雅芳、黃莛勻、徐詩淵、鄭艾兒
美 術 設 計	劉錦堂

發 行 人	程顯灝
總 編 輯	呂增娣
主　　編	徐詩淵
編　　輯	林憶欣、黃莛勻、鍾宜芳、吳雅芳
美 術 主 編	劉錦堂
美 術 編 輯	吳靖玟
行 銷 總 監	呂增慧
資 深 行 銷	謝儀方、吳孟蓉

發 行 部	侯莉莉
財 務 部	許麗娟、陳美齡
印 務	許丁財
出 版 者	四塊玉文創有限公司

總 代 理	三友圖書有限公司
地　　址	106台北市安和路2段213號4樓
電　　話	(02) 2377-4155
傳　　真	(02) 2377-4355
E － mail	service@sanyau.com.tw
郵 政 劃 撥	05844889 三友圖書有限公司

總 經 銷	大和書報圖書股份有限公司
地　　址	新北市新莊區五工五路2號
電　　話	(02) 8990-2588
傳　　真	(02) 2299-7900

製 版 印 刷	卡樂彩色製版印刷有限公司

初　　版	2019年5月
定　　價	新台幣380元
Ｉ Ｓ Ｂ Ｎ	978-957-8587-73-1（平裝）

SANYAU
http://www.ju-zi.com.tw
三友圖書
友直 友諒 友多聞

國家圖書館出版品預行編目(CIP)資料

澳洲親子遊：趣味景點X深度探索X免費景點X行
程懶人包 / 鄭艾兒作. -- 初版. -- 臺北市：四塊玉
文創, 2019.05

面；　公分
ISBN 978-957-8587-73-1(平裝)

1.旅遊 2.澳大利亞
771.9　　　　　　　　　　108006218

紐西蘭 / NEW ZEALAND
純淨之旅

2012金旅獎 經典／精華～紐西蘭南北島10日
隱士蘆飯店、塔斯曼冰川、火車峽谷鐵道、峽灣巡航

2012金旅獎 醉愛紐西蘭南島冰河大探索9日
庫克山隱士蘆、冰河船、高山觀景火車、溫帶冰河、峽灣巡禮

2013金旅獎 玩賞紐西蘭南北島 冰河大健走12日
冰上健走、45度酒莊、冰河探索船、隱士蘆飯店、毛利文化村、北島奧克蘭

2013金旅獎 南半球之星 紐澳雙國16日
紐澳雙國一次走透透

2008/2010年 紐西蘭觀光局最佳團體＆主題行程旅遊金獎

2012/2013年 中華民國旅行業保障協會金質旅遊獎行程金獎

榮獲

鴻大

澳 洲 / AUSTRALIA
活力綻放

東澳全覽9日 峽谷景觀餐廳、黃金海岸飯店升等、神仙小企鵝歸巢
全新體驗大東澳12日 峽谷景觀餐廳、黃金海岸飯店升等、神仙小企鵝歸巢、前進大堡礁
黃金海岸6日 華納電影世界、袋鼠度假山莊、海港城購物商場
澳洲雪墨大洋路8日 遊藍山、吃雪梨塔、12使徒大洋路、蒸汽火車、神仙企鵝
凱恩斯潛進大堡礁8日 可倫賓動物園、熱帶雨林、土著文化村、私人遊艇
布里斯本、索羅門群島8日 六人即可出團！

歐 美 / EUROPE / AMERICA
魅力無限

南法普羅旺斯山城10日
熱情西班牙10日
童趣德國三大城堡10日
春風得義愛上托斯卡尼11日
閃耀珍珠波斯匈10日
鐵幕東歐波德12日

美加東13日
國家寶藏12日
美西雙國家公園、雙樂園9日
美西向天借膽海景火車10日
北歐新玩法 好四成雙10日
就是那道光 幸福北歐雙國10日

地址：　　　　縣/市　　　鄉/鎮/市/區　　　路/街

段　　巷　　弄　　號　　樓

廣　告　回　函
台北郵局登記證
台北廣字第2780號

三友圖書有限公司 收
SANYAU PUBLISHING CO., LTD.

106　台北市安和路2段213號4樓

三友圖書
讀書俱樂部

「填妥本回函，寄回本社」，
即可免費獲得好好刊。

▼

\ 粉絲招募歡迎加入 /

臉書／痞客邦搜尋

「四塊玉文創／橘子文化／食為天文創
三友圖書——微胖男女編輯社」

加入將優先得到出版社提供的相關
優惠、新書活動等好康訊息。

四塊玉文創╳橘子文化╳食為天文創╳旗林文化
http://www.ju-zi.com.tw
https://www.facebook.com/comehomelife

親愛的讀者：
感謝您購買《澳洲親子遊：趣味景點X深度探索X免費景點X行程懶人包》一書，為感謝您對本書的支持與愛護，只要填妥本回函，並寄回本社，即可成為三友圖書會員，將定期提供新書資訊及各種優惠給您。

姓名＿＿＿＿＿＿＿＿＿＿＿＿＿＿＿＿＿ 出生年月日＿＿＿＿＿＿＿＿＿＿＿＿＿

電話＿＿＿＿＿＿＿＿＿＿＿＿＿＿＿＿ E-mail＿＿＿＿＿＿＿＿＿＿＿＿＿＿＿

通訊地址＿＿＿＿＿＿＿＿＿＿＿＿＿＿＿＿＿＿＿＿＿＿＿＿＿＿＿＿＿＿＿＿＿＿＿

臉書帳號＿＿＿＿＿＿＿＿＿＿＿＿＿＿＿＿＿＿＿＿＿＿＿＿＿＿＿＿＿＿＿＿＿＿＿

部落格名稱＿＿＿＿＿＿＿＿＿＿＿＿＿＿＿＿＿＿＿＿＿＿＿＿＿＿＿＿＿＿＿＿＿＿

1 年齡
□18歲以下　　□19歲～25歲　　□26歲～35歲　　□36歲～45歲　　□46歲～55歲
□56歲～65歲　□66歲～75歲　　□76歲～85歲　　□86歲以上

2 職業
□軍公教 □工 □商 □自由業 □服務業 □農林漁牧業 □家管 □學生
□其他＿＿＿＿＿＿＿＿＿＿＿＿＿＿＿＿＿＿＿＿＿＿＿＿＿＿＿＿＿＿＿＿＿＿

3 您從何處購得本書？
□博客來　□金石堂網書　□讀冊　□誠品網書　□其他＿＿＿＿＿＿＿＿＿＿＿
□實體書店＿＿＿＿＿＿＿＿＿＿＿＿＿＿＿＿＿＿＿＿＿＿＿＿＿＿＿＿＿＿＿

4 您從何處得知本書？
□博客來　□金石堂網書　□讀冊　□誠品網書　□其他＿＿＿＿＿＿＿＿＿＿
□實體書店＿＿＿＿＿＿＿＿＿＿　　□FB（三友圖書-微胖男女編輯社）＿＿＿＿
□好好刊（雙月刊）　□朋友推薦　□廣播媒體

5 您購買本書的因素有哪些？（可複選）
□作者 □內容 □圖片 □版面編排 □其他＿＿＿＿＿＿＿＿＿＿＿＿＿＿＿＿

6 您覺得本書的封面設計如何？
□非常滿意 □滿意 □普通 □很差 □其他＿＿＿＿＿＿＿＿＿＿＿＿＿＿＿＿

7 非常感謝您購買此書，您還對哪些主題有興趣？（可複選）
□中西食譜　□點心烘焙　□飲品類　□旅遊　　□養生保健　□瘦身美妝 □手作 □寵物
□商業理財　□心靈療癒　□小說　　□其他＿＿＿＿＿＿＿＿＿＿＿＿＿＿＿＿

8 您每個月的購書預算為多少金額？
□1,000元以下　　□1,001～2,000元　□2,001～3,000元　□3,001～4,000元
□4,001～5,000元　□5,001元以上

9 若出版的書籍搭配贈品活動，您比較喜歡哪一類型的贈品？（可選2種）
□食品調味類　　　□鍋具類　　□家電用品類　　□書籍類　　□生活用品類　　□DIY手作類
□交通票券類　　　□展演活動票券類　　□其他＿＿＿＿＿＿＿＿＿＿＿＿＿＿

10 您認為本書尚需改進之處？以及對我們的意見？
＿＿＿＿＿＿＿＿＿＿＿＿＿＿＿＿＿＿＿＿＿＿＿＿＿＿＿＿＿＿＿＿＿＿＿＿＿＿

感謝您的填寫，
您寶貴的建議是我們進步的動力！